I0371853

www.ingramcontent.com/pod-product-compliance
Lightning Source LLC
Chambersburg PA
CBHW071412070526
44578CB00003B/559
9781989880135

به نام عشق

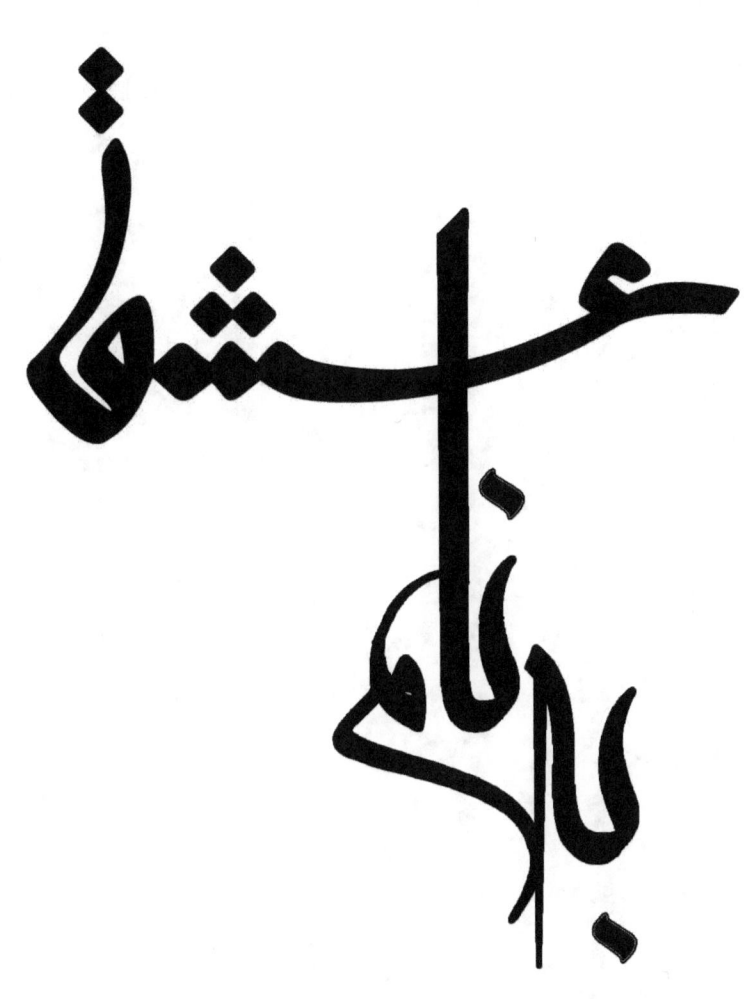

چهل گفتار پیرامون ارتقای مهارتهای فروش

مؤلف:

پرویز درگی
مدرس دانشگاه - مشاور و محقق بازاریابی

سریال کتاب: P2145120013

سرشناسه: PRV 2021

عنوان: چهل گفتار پیرامون ارتقای مهارت های فروش

زیر شاخه عنوان: به قلم مدرس دانشگاه و مشاور و محقق بازاریابی

پدید آورنده: پرویز درگی

شابک کانادا: ISBN: 978-1-989880-13-5

موضوع: فروش، بازاریابی ،کسب و کار

متا دیتا: Marketing ،Sales , Business

مشخصات کتاب: جلد صحافی مقوایی، رقعی

تعداد صفحات: 258

تاریخ نشر در کانادا: March ۲۰۲۱

تاریخ نشر اولیه: ۱۹۹۲

Kidsocado Publishing House

خانه انتشارات کیدزوکادو

ونکوور، کانادا

تلفن : +1 (833) 633 8654

واتس آپ: +1 (236) 333 7248

ایمیل : info@kidsocado.com

وبسایت انتشارات: https://kidsocadopublishinghouse.com

وبسایت فروشگاه: https://kphclub.com

سلام هم زبان

دستیابی ایرانیان مقیم خارج از کشور به کتاب های بسیار متنوع و جدیدی که به تازگی در ایران نگاشته و چاپ می شود، محدود است. ما قصد داریم این خدمت را به فارسی زبانان دنیا هدیه دهیم تا آنها بتوانند مانند شما با یک کلیک در آمازون یا دیگر انتشارات آنلاین کتاب‌هایی در زمینه های مختلف را خریداری کنند و درب منزل تحویل بگیرند.

خانه انتشارات کیدزوکادو تحت حمایت مجموعه آموزشی کیدزوکادو این افتخار را دارد تا برای اولین بار کتاب‌های با ارزش فارسی را که با زبان فارسی نگارش شده است از شرکت های انتشاراتی بزرگ آن لاین مانند آمازون و ایی بی بارنز اند نابل و هم چنین وبسایت خود انتشارات در اختیار ایرانیان مقیم خارج از ایران قرار دهد.

از اینکه توانستیم کتابهای جدید و با ارزشی که به قلم عالی نویسنده گان و نخبگان خوب ایرانی نگاشته شده است را در اختیار شما قرار دهیم بسیار احساس رضایتمندی داریم

این کتاب ها تحت اجازه مستقیم نویسنده و یا انتشارات کتاب صورت گرفته و درآمد حاصله بعد از کسر هزینه‌ها، به نویسنده پرداخته می شود.

خانه انتشارات کیدزوکادو در قبال مطالب داخل کتاب هیچگونه مسئولیتی ندارد و صرفاً به عنوان یک پخش کننده است. و شما خواننده عزیز ما را با گذاشتن نظرات در وب سایتی که کتاب را تهیه کرده‌اید به این کار فرهنگی دلگرمتر کنید. از کامنتی که در برگیرنده نظرتان نسبت به کتاب است عکس بگیرید و برای ما به این ایمیل بفرستید از هر ۴ نفری که برایمان کامنت می فرستند، یک نفر یک کتاب رایگان دریافت می‌کند.

ایمیل : info@kidsocado.com

تقدیم به:
استاد میراحمد امیرشاهی
به پاس ارتقای دانش فروش حرفه‌ای در ایران

فهرست مطالب

پیشگفتار ۱۱

فصل اول: الفبای فروش

گفتار اول:

معرفی فرمول موفقیت در فروش ۱۹

گفتار دوم:

مروری بر چند حقیقت ساده در خصوص الفبای فروش ۲۳

گفتار سوم:

آموزش فروش به شیوه‌ی نقش- بازی ۲۹

گفتار چهارم:

اهمیت سکانس‌بندی در ارائه‌ی فروش ۳۵

گفتار پنجم:

نکات طلایی در طراحی فروشگاه ۳۹

گفتار ششم:

چگونه ویترین‌گردها را به خریدار تبدیل کنیم؟ ۴۵

گفتار هفتم:

چگونه شاگرد مغازه استخدام کنیم؟ ۵۱

گفتار هشتم:

سه سؤال اساسی در استخدام استعدادهای فروش ۵۷

فصل دوم: اسرار فروش

گفتار نهم:
هفت دروغ بزرگ فروشندگان به خودشان ۶۵

گفتار دهم:
ترفندهای فروش از بازار بزرگ استانبول برای خرده‌فروشان ۷۱

گفتار یازدهم:
فروش به سبک ریچارد برانسون ۷۵

گفتار دوازدهم:
اولویت‌بندی را به مشتریان بسپارید ۸۱

گفتار سیزدهم:
فروش پارادوکسی ۸۵

گفتار چهاردهم:
مدیریت خوشنامی؛ کلید موفقیت در آینده‌ی فروش ۸۹

گفتار پانزدهم:
چگونه فروش خود را برند کنیم؟ ۹۳

گفتار شانزدهم:
اصول فروش مبتنی بر روانشناسی مشتریان ۹۹

گفتار هفدهم:
اسرار فروش به توان بی‌نهایت؛ تاکتیک‌های ذهنی در فروش ۱۰۵

گفتار هجدهم:
چگونه مشتری جذب کن باشیم؟ ۱۱۱

گفتار نوزدهم:
چگونه در فروش بدرخشیم؟ ۱۱۷

گفتار بیستم:
فروش به ناخودآگاه ۱۲۳

گفتار بیست‌ویکم:
نوروسلینگ (Neuroselling)؛ اسرار فروش عصب‌پایه ۱۲۷

گفتار بیست‌ودوم:
هفت دروازه‌ی ورود به بخش اشتیاق مغز خریداران ۱۳۳

گفتار بیست‌وسوم:
مشتری‌شناسی؛ سناریوهای فروش ۱۳۹

گفتار بیست‌وچهارم:
مرگ فروشنده ۱۴۵

گفتار بیست‌وپنجم:
اگر در فکر ارتقای کسب‌وکار خود هستید، فروش را متوقف کنید! ۱۵۱

گفتار بیست‌وششم:
گلوگاه‌های فروش ۱۵۵

فصل سوم: افزایش فروش در زمان رکود

گفتار بیست‌وهفتم:
خون تازه در رگ‌های فروش ۱۶۵

گفتار بیست‌وهشتم:
رکود اقتصادی؛ افزایش فروش ۱۷۱

گفتار بیست‌ونهم:
چگونه در شرایط نامساعد اقتصادی فروش کنیم؟ ۱۷۷

گفتار سی‌ام:
چگونه در اقتصاد نامطلوب فروش را افزایش دهیم؟ ۱۸۱

گفتار سی‌ویکم:
خرده‌فروشی‌های سبز: سبز بازارها یا اکومال‌ها (Eco-malls) ۱۸۵

فصل چهارم: دانش فروشندگی

گفتار سی‌ودوم:
به من نفروش، برایم داستان بگو ۱۹۱

گفتار سی‌وسوم:
فروش به سایبورگ‌ها با بازاریابی فرامدرن 195

گفتار سی‌وچهارم:
مدل ارزش‌محور در فروش 201

گفتار سی‌وپنجم:
چگونه در فرایند فروش به جای رابطه‌سوزی، رابطه‌سازی کنیم؟ 205

گفتار سی‌وششم:
مثلث طلایی "هاد" برای مواجهه با شرایط حاد فروش 211

گفتار سی‌وهفتم:
برترین روندهای آتی فروش صنعتی 215

گفتار سی‌وهشتم:
جدال منطق و احساس در فروش؛ چگونه بهترین بهره را از این تقابل ببریم؟ ... 219

گفتار سی‌ونهم:
آشنایی با تکنیک سناریوسلینگ یا فروش مبتنی بر سناریو 223

گفتار چهلم:
مدیریت انگیزه در فروش 231

آشنایی با فعالیت‌های شرکت توسعه مهندسی بازارگستران آتی (TMBA) ... 245

پیشگفتار

"فروش"، پاشنه‌ی آشیل شرکتها، سازمانها، و بنگاههای اقتصادی است. هم سازمانهایی که موفق شده‌اند میزان فروش را رشد صعودی بخشند، و هم سازمانهایی که در "فروش" با ناکامی مواجه شده‌اند، همواره با این پرسش روبه‌رویند که چه علل و عواملی موجب "افزایش فروش" و یا "کاهش فروش" است؟

برای پاسخگویی به این پرسش ساده که پاسخ دشواری دارد، علاقه‌مندم از تجربه‌ی سالهای پیشینم در انتشار اولین کتابم بگویم که با عنوان "مدیریت فروش و فروش حضوری با نگرش بازار ایران" در سال ۱۳۸۴ چاپ و منتشر شد.

این کتاب اکنون به چاپ هفدهم رسیده است. این در حالی است که در طول این سالها، تعداد وسیعی کتاب در حوزه‌ی "فروش" تألیف یا ترجمه شد و از سوی ناشران با تیراژهای خوب روانه‌ی بازار شده‌اند.

ضروری است پس از این سالها با صراحت اعلام کنم که ما در "فروش" هنوز به بسیاری از ظرائف و دانایی‌ها نیازمندیم و در این باره نمی‌دانیم. دلیل آن نیز پرواضح است.

سالها پیش در کتابهای دبیرستانی در درس فیزیک آموختیم بزرگ نابغه‌ی

سرآمد جهان یعنی اسحاق نیوتن، با کوششهای فراوان علمی توانست جاذبه‌های نامرئی زمین را کشف کند.

بدون تردید ما در "بازار" نیز دارای جاذبه‌های نامرئی هستیم که همت و دانایی بزرگان علوم بویژه دانشمندان علوم اجتماعی را می‌طلبد. چه، با انبوه جمعیتی که در بازارهای سنتی و مجازی روبه‌روییم و حرکت شناور کالاهایی که از اقصی‌نقاط جهان موجی در بازارها می‌آفرینند، مجموعه‌ی فوق‌العاده فراوانی از "نیروهای نامرئی بازار" در جنبش و خروش و یا سکون‌اند.

با این نگاه، به سهم خودم کوششهایی را آغاز کردم تا هر چه بیشتر درباره‌ی "فروش" بدانیم. نخست مجموعه کتابهای "دل‌گفته‌ها و دل‌نوشته‌های معلم بازاریابی" در ۳ جلد منتشر شد. به مرور احساس کردم فارغ از تجربیات و دانشها، ضروری است دریچه‌های تازه‌ای برای موضوعات بازاریابی و فروش گشوده شود.

در ابتدا به تناسب رویدادهایی که در مشاوره با شرکتهای بزرگ و کوچک و متوسط داشتم، همچنین در کلاسهای متفاوتی که برای دانشجویان دانشگاهها بویژه در انستیتو مهندسی نفت دانشگاه تهران، سازمان مدیریت صنعتی و دانشگاه علوم و فنون مازنداران برای دانشجویان MBA داشتم، دریافتم که جنس پرسشها کاملاً تغییر یافته است. ازاین‌رو لازم بود اقدامات تازه‌ای برای پاسخگویی به این پرسشها فراهم شود.

فراتر از جنس پرسشها، ظرفیت مخاطبان بود. درست یا نادرست، ما به بیماری "عصر دیجیتالیسم" گرفتار شده‌ایم. حوصله‌ی مطالعه حتی در بین دانشجویان کم شده است.

به مجرد طرح یک پرسش، تمایل دارند پاسخ مستقیم، بدون حاشیه، و کوتاه به دست آورند. مدیران سازمانها نیز به دلیل مشغله‌های فراوان کاری، گاه نیازی به تجزیه‌وتحلیل شما ندارند. مهمتر از همه، گره‌گشایی زود،

تند، سریع است که از شما در مقام استاد یا مشاور انتظار دارند.

با این رویکرد، کوشیدم که تا حدود زیادی از تجزیه‌وتحلیلهای پیچیده فاصله بگیرم، پاسخها در حد لازم بویژه در قالب فهرستهای راهکار عرضه شود.

در نهایت، مجموعه‌ی آنچه پیش از این در سایت شخصی من برای مدیران فروش عرضه شده بود، تدوین و در قالب کتابهای تازه‌ای با موضوع واحد "۴۰ گفتار" متولد شد.

نخستین کتاب از این مجموعه با عنوان "۴۰ گفتار پیرامون مدیریت و رهبری در کسب‌وکار" پدید آمد. "۴۰ گفتار پیرامون ارتقای مهارتهای فروش"، کتاب دوم از این مجموعه است. سایر کتابها نیز با همین عنوان "۴۰ گفتار" در حال آماده‌سازی و چاپ و توزیع است که برای اطلاع بیشتر می‌توانید به سایت انتشارات بازاریابی به نشانی www.MarketingPublisher.ir مراجعه کنید یا با دفتر انتشارات تماس بگیرید.

کتاب "۴۰ گفتار پیرامون مهارتهای ارتقای فروش"، دارای ۴ فصل است که عبارتند از:

- **فصل اول**: الفبای فروش
- **فصل دوم**: اسرار فروش
- **فصل سوم**: افزایش فروش در زمان رکود
- **فصل چهارم**: دانش فروشندگی

می‌توان با همین روال، کتاب را از فصل اول مطالعه کرد و تا پایان خواند. با وجود این، اگر موضوعی برایتان جالب است، می‌توانید همان موضوع را مطالعه کنید و ضرورتی ندارد که تقدم و تأخر مطالب رعایت شود.

سعی شده مطالب کتاب به شکلی کاملاً مستقل و بدون نیاز به سایر کتابهای حوزه‌ی بازاریابی و فروش، و با هدف ارتقای مهارتهای فروش

مدیران و نیروهای فروش تدوین شود. با وجود این، پیشنهاد می‌شود برای بهره‌گیری بیشتر از این کتاب، هم کتاب "مدیریت فروش و فروش حضوری با نگرش بازار ایران" مطالعه شود، و هم سایر کتابهایی که علاقه‌مندی شما را در حوزه‌ی بازاریابی مهیا می‌سازد.

سپاسگزار تمامی عزیزانی هستم که با ارسال پیام مکتوب خود برای سایت شخصی من، راهنمائیم کردند و سوژه‌هایی ناب را در اختیارم قرار دادند.

همچنین "فروشندگان" و "بازاریابها" و ویزیتورهایی که با طرح پرسشهای خودشان، جهت‌دهی ذهنی‌ام را به سمت و سوی موضوعات فروش بیشتر گرایش دادند که علاقه‌ی قلبی و حرفه‌ای من است.

شایسته است از پشتیبانی همکارانم در خانواده‌ی TMBA، صمیمانه تشکر کنم؛ مرتضی امیرعباسی و محمدرضا حسن‌زاده جوانیان زحمات ارزشمندی را در گردآوری این کتاب متحمل شدند.

همچنین تلاشهای آقایان احمد آخوندی و محسن جاویدمؤید، در ویرایش این کتاب ستودنی است.

خواهشمندم از طرق زیر، خانواده‌ی ما را از نظرات خویش در اصلاحات چاپ بعدی یاری فرمایید:

- سایت شخصی پرویز درگی: www.Dargi.ir
- نشانی اینترنتی: Info@TMBA.ir
- سایت انتشارات بازاریابی: www.MarketingPublisher.ir
- نشانی اینترنتی: Info@MarketingPublisher.ir
- نشانی انتشارات بازاریابی: تهران، خیابان آزادی (شرق به غرب)، بعد از خوش شمالی، کوچه نمایندگی، پلاک ۱، واحد ۱۰
- با شماره‌ی تلفکس: ۶۶۴۳۱۴۶۱(۰۲۱)
- با شماره‌ی تلفنهای: ۶۶۴۲۳۶۶۷(۰۲۱) و ۶۶۴۳۴۰۵۵(۰۲۱)

■ با شماره‌ی تلفن همراه شخصی‌ام: ۰۹۱۲-۱۹۹۴۲۸۱

گر بخواهید در این یکدم عمر

نیک جویای حقایق باشید

و به چشم همه نیکان جهان

بس برازنده و لایق باشید

هدفی ناب بیابید و در راه وصال

عالم عامل عاشق باشید

سبز باشید
پرویز درگی

فصل اول

الفبای فروش

گفتار اول
معرفی فرمول موفقیت در فروش

بسیاری از مواقع، با این پرسش روبه‌رو می‌شوم که "چگونه می‌توانیم فروشنده‌ی موفقی باشیم؟" در راستای ساده‌سازی و ماندگاری بهتر مطالب در حافظه‌ی فروشندگان عزیز، مهمترین نکات برای آنکه یک فروشنده‌ی حرفه‌ای باشیم را در قالب یک فرمول ساده یادآور می‌شوم.

فرمول موفقیت در فروش = P+T+AxA

P = Passion (اشتیاق):

علاقه‌مندی و اشتیاق به شغل، اولین لازمه‌ی موفقیت در آن است. اگر فروشنده‌ای عاشق شغل فروش نباشد، نمی‌تواند موفق باشد. فروشنده با شغل فروش نفس می‌کشد، راه می‌رود، ارتباط برقرار می‌کند و خلاصه اینکه زندگی می‌کند. او فروش را نه صرفاً به عنوان کسب درآمد بلکه، به عنوان خدمت به دیگران اعم از مشتریان، سازمان، جامعه و خودش می‌داند. شوق موفقیت در روح و جان فروشنده‌ی حرفه‌ای موج می‌سازند.

فروشنده‌ی حرفه‌ای از هوش هیجانی بالایی برخوردار است و مرتباً با

یادگیری آن را ارتقا می‌دهد. هوش هیجانی به معنای مدیریت کردن هیجانات خویش و دیگران است. فروشنده‌ی حرفه‌ای با به‌کارگیری صحیح و تلاش برای بالا بردن مؤلفه‌های هوش هیجانی، دائماً رشد می‌کند. مؤلفه‌های هوش هیجانی عبارتند از پایداری، انگیزش، کنترل، همدلی، و خودشناسی.

فروشنده‌ی حرفه‌ای تا به هدف نرسد، کار را رها نمی‌کند. او می‌داند بعضی از مشتریان در مراجعات پنجم خرید می‌کنند. او اگر با کلمه‌ی "نه" مواجه شود، به دنبال دلایل آن می‌گردد و در جهت رفع موانع برای توفیق می‌کوشد. او از انگیزه‌ی بالایی در شغل خویش و ارتباطات شایسته با دیگران برخوردار است و دائم در اصلاحات پنداری، گفتاری، و کرداری خویش تلاش می‌کند و بر تمام مواردی که او را به هدف فروش سالم می‌رساند، کنترل دارد و ایرادات را برطرف می‌سازد.

او توان این را دارد که خودش را به جای مشتریان بگذارد و از زاویه‌ی دید و خواست آنان به مسائل بنگرد؛ به‌عبارتی فروشنده‌ی حرفه‌ای از همدلی بالایی برخوردار است و همچنین نقاط قوت و کاستیهای خود را می‌شناسد و برای ارتقای نقاط قوت و رفع کاستیها با آموزش و اقدام عمل می‌کند.

T = Talent (استعداد):

فروشنده‌ی حرفه‌ای بهره‌ی هوشی خود (هوش عقلی) را اندازه‌گیری می‌کند، اما می‌داند مهمتر از آن هوش هیجانی است. او با بهره‌گیری از مشاوران زبده توان برونگرایی و درونگرایی خویش را می‌سنجد. می‌داند برونگرایی و درونگرایی، ملاک خوب یا بد بودن انسان نیست اما قبول دارد که هر کسی را بهر کاری ساخته‌اند. فروشنده‌ی حرفه‌ای علاوه بر اشتیاق باید استعداد و توان یادگیری بالایی در ایجاد ارتباطات شایسته و

مؤثر با خویش و دیگران داشته باشد. فروشنده‌ی حرفه‌ای برونگرا است. فروشنده‌ی حرفه‌ای با مراجعه به مشاوران زبده‌ی روانشناسی و فروش، از تیپ شخصیتی خویش مطلع می‌شود. برای مثال او می‌داند تیپهای ذهنی مناسب شغل فروش نیستند اما تیپهای احساسی با مدیریت کردن ضعفهای خویش و پرورش تواناییهایشان مناسبترین افراد برای شغل فروش هستند. فروشنده‌ی حرفه‌ای نحوه‌ی تشخیص دادن تیپ شخصیتی مشتریان خود را فرا می‌گیرد تا در ایجاد ارتباط بهتر با آنان تلاش کند.

A = Action (عمل):

برای توفیق یک فروشنده، اشتیاق و استعداد لازم است اما کافی نیستند؛ حال باید تأکید کنم که هر چقدر انسان اطلاعات، دانش، و شوق کاری را داشته باشد، زمانی که آنها را در مرحله‌ی عمل به کار گیرد، ارزشمند هستند. وگرنه او کتابخانه‌ی زیبایی است که در بین اجتماع می‌چرخد. ما در کسب‌وکارها به انسان عالم عامل عاشق نیاز داریم. عالم، درجه‌ی دانایی خویش را افزایش می‌دهد، اما عامل بودن و اهل عمل بودن او همراه با عشق است که موفقیت را سبب می‌شود.

A = Associates (همراهان):

فروشنده‌ی حرفه‌ای می‌داند هر چقدر هم انسان عالم عامل عاشق باشد، برای موفقیت در کسب‌وکار، نیاز به همراهان دارد. همراهان رفیق شرکت که به معنای واقعی کلمه، عضو خانواده‌ی کاری باشند.

کار تیمی و تیم دانای هماهنگ، در دنیای رقابتی رو به گسترش مهمترین الزام است، چون ما به تنهایی نمی‌توانیم موفق باشیم.

فروشنده‌ی حرفه‌ای در کنار موزّع حرفه‌ای، تحصیلدار حرفه‌ای، سرپرست فروش حرفه‌ای، مدیر فروش حرفه‌ای و... خوشه‌ی فروش

حرفه‌ای موفق را تشکیل می‌دهند. اما حتی خوشه‌ی فروش هم جزئی از سازمان است و برای موفقیت روزافزون، کل سازمان در قسمتهای صف و ستاد باید عاشق مشتری و عاشق سازمان باشند و برای توازن بخشیدن و رابطه‌ی برد همه‌جانبه در زنجیره‌ی ارزش‌آفرینی تلاش کنند.

دقت کنید در موفقیت فردی اشتیاق با استعداد و عمل جمع می‌شوند، اما در موفقیت جمعی، جمع این سه در همراهانی که تک‌تک آنان واجد آن سه ویژگی هستند ضرب می‌شود.

گفتار دوم
مروری بر چند حقیقت ساده
در خصوص الفبای فروش

هنر فروشندگی را می‌توان هنر موفقیت در زندگی تعریف کرد. سرمنشأ موفقیت در زندگی کاری و شخصی، توفیق و توانایی فروش ایده به شرکا، صاحبان سرمایه، دوستان و مردم است.

فروش نوعی مهارت و توانمندی است که افراد را وامی‌دارد که از دریچه دید شما دنیا را ببینند.

اگر می‌خواهیم هنر فروش را بیاموزیم، باید ابتدا به الفبای آن مسلط شویم. آنچه در پی می‌خوانید، مروری کوتاه بر تعدادی از اصول اولیه‌ی فروش از زبان برخی از بزرگترین اندیشه‌ورزان دنیای فروش است.

۱- "همه‌ی ما فروشنده هستیم و با فروش زندگی می‌کنیم"
رابرت لوئیس استیونسون، شاعر و نویسنده‌ی اسکاتلندی

همگی ما از راه فروش ارتزاق می‌کنیم و مخارج خود را از طریق فروش چیزی به کسی تأمین می‌کنیم. برای مثال پدران و مادران ما همواره در حال

فروش عقاید، باورها، رفتارها و ارزشها به فرزندان خود هستند. یا درآمد بسیاری از ما از محل فروش ایده‌هایمان به دست می‌آید.

بنابراین، تا زمانی که فروش صورت نگیرد، گویی که هیچ اتفاقی نیفتاده و به قول معروف آب از آب تکان نخورده است. چرا که بدون فروش، حتی ثروتمندترین، بزرگترین، و برترین کارخانجات و سازمان‌ها نیز تعطیل می‌شوند.

۲- "هیچ کس دوست ندارد چیزی به او فروخته شود، اما همه دوست دارند چیزی بخرند"

کارل تیلور، عکاس

خرید کردن، ابزاری حیاتی برای رفع نیازهای جسمانی و روانی است، بنابراین یک فروشنده‌ی مجرب و حرفه‌ای بسته به نیاز پیدا یا پنهان مشتری، محصول خود را عرضه می‌کند و یا خود چنین تقاضایی را در روح و روان خریدار پدید می‌آورد.

برای مثال، هدف مشتری از خرید مسکن این است که در واقع آسایش، سرمایه‌گذاری و غرور مالکیت را خریداری کند و یا هدف اصلی از خرید لباس شاید در حقیقت ارضای نیاز به زیبایی‌دوستی و جذابیت باشد. درک این موارد، از ملزومات تبدیل شدن به یک فروشنده‌ی حرفه‌ای است.

۳- "موفقیت در فروش، نتیجه‌ی انضباط، ازخودگذشتگی، و فداکاری است"

توماس رای کراول، متخصص فروش

فروش به معنای دادوستد با انسانها است و فرایندی انسانی به شمار می‌رود.

بنابراین دخیل کردن ارزشهای والای انسانی در آن می‌تواند تمایزآفرین باشد. در پیش گرفتن رفتار و کردار فروش اخلاق‌مدار، موجب وفادار شدن مشتریان می‌شود. برگ برنده‌ی فروشندگان ماهر در انضباط ذهنی و رفتار انسانی آنها نهفته است.

۴- "ارزش و اهمیت ارتباطات، بیش از اهمیت افزایش سهم بازار فروش است"

جفری گیتومر، نویسنده و سخنران انگیزشی بازاریابی و فروش

برقراری ارتباطات ثمربخش با مشتری، از استراتژی‌های کسب‌وکار بوده و اهمیت آن فراتر از حجم مبادلات است، چرا که هدف آن افزایش درآمد و جلب رضایت مشتری است.

بسیاری از فعالیتهای روزمره‌ی کسب‌وکار، در ارتباط با مشتریان انجام می‌گیرد، بنابراین نگرش کسب‌وکار از نگرش صرفاً مبادله‌ای به نگرش ارتباطی تغییر کرده است. برقراری ارتباط حسنه با مشتریان، گامی بزرگ در جهت خشنودسازی، وفاداری، و در نهایت سودآوری است و به‌عنوان یک اصل در فروش به حساب می‌آید.

شخصی‌سازی خدمت به مشتری، حد اعلای ارتباطات جامع با مشتری است و ارائه‌ی خدمات در آن برحسب ویژگیها و ترجیحات مشتریان انجام می‌پذیرد.

۵- "مردم احساسی خرید می‌کنند، اما از تصمیم خود با عقلانیت دفاع می‌کنند"

جفری آکوف، نویسنده و مؤسس دلتاپوینت

قاعده از این قرار است که تقریباً تمام مشتریان احساسی تصمیم می‌گیرند

و بعد با منطق این تصمیم را توجیه می‌کنند. انسان موجودی هیجانی و دارای احساسات و عواطف متعدد است.

به گفته‌ی زیگ زیگلار، "منطق" آدم‌ها را به فکر فرو می‌برد، و "احساس" آن‌ها را به عمل وامی‌دارد. منطق سهم ناچیزی به نسبت هیجانات در تصمیمات خریداران دارد.

تکبر، ترس، احساس گناه، عشق، حسادت، و... همگی موجب تحریک رفتار خرید می‌شوند. بنابراین در تعاملات و جلسات مرتبط با فروش، باید ابتدا عوامل هیجانی را هدف قرار داد. از این رو به‌عنوان یک فروشنده باید سعی کنیم فضای اعتماد و همدلی میان خود و خریداران به‌وجود آوریم. احساسات خریداران را درک کنیم و به آن‌ها فکر کنیم و خود را با هیجان مشتری هماهنگ کنیم و همواره به فکر تبادل انرژی مثبت باشیم نه تبادل پول و یا محصول.

۶- "در فروش، قبل از آنکه از مشتری پاسخی مناسب بگیرید، معمولاً با چهار یا پنج پاسخ منفی مواجه می‌شوید"

جک کانفیلد، نویسنده

قدرت نه شنیدن و نه گفتن، یک مهارت فردی بسیار مهم در زندگی شخصی و کاری است. شنیدن واژه‌ی "نه"، یکی از واقعیات غیرقابل‌انکار حرفه‌ی فروشندگی است و ترس از آن موجب می‌شود که بسیاری عطای فروشندگی را به لقایش ببخشند و از همان ابتدا دست از کار بکشند. فروشندگان مجرب به این نکته اذعان دارند که همه‌ی فروشندگان بیش از آنکه تأیید شوند، رد می‌شوند.

فروشندگان موفق می‌بایست از این جریان مخالف به نفع خود سود ببرند، همان‌طور که ملوانان از جریان مخالف باد، بهره‌های زیادی می‌برند.

۷- "وقتی چیزی می‌فروشید، هرگز به سؤال پرسیده نشده پاسخ ندهید"
جف تول، استراتژیست و مشاور کسب‌وکار

همیشه به‌عنوان یک فروشنده کمتر حرف بزنید و بیشتر بشنوید تا تقاضاهای پیدا و پنهان مشتریان را کشف کنید. البته اگر به پایداری و موفقیت کسب‌وکار خود می‌اندیشید باید بتوانید سؤالات نپرسیده را کشف کنید و پاسخی مناسب برای آنها داشته باشید. اینگونه غافلگیر نمی‌شوید و می‌توانید با سرعت بیشتری از بروز مشکلات جلوگیری کنید و پاسخگوی نیازهای مشتریان باشید.

۸- "محصولات متوسط با یک تیم فروش عالی، در مقایسه با محصولات عالی با یک تیم فروش متوسط، همواره با موفقیت بالاتری مواجه می‌شوند"
دونال دالی، مدیرعامل تث گروپ (TAS Group)

همواره از بهترین افراد استفاده کنید چرا که انتخاب صحیح نیروها، از ارکان اساسی و اصل اول فروش است. جذب نیروهای ناکارآمد تنها ناخرسندی مشتریان را رقم می‌زند؛ بنابراین، با استفاده از نظر مشاوران زبده و تکنیکهای استعدادشناسی به جذب نیروهای اصلح بپردازید، کارها را برحسب مهارت و انگیزه اختصاص دهید و از اهمیت آموزش به‌عنوان یک سرمایه‌گذاری و نه هزینه غافل نشوید.

مجموعه‌ای متوازن از مهارتها را در آرایش تیم خود به کار گیرید و دست آخر بر ترکیب تیم نظارت داشته باشید و با مهربانی و استفاده از سیستم پاداش مناسب، آنها را ارتقا دهید.

گفتار سوم
آموزش فروش
به شیوه‌ی نقش‌بازی

بازی با تولد ما آغاز می‌شود و ساده‌ترین و طبیعی‌ترین شکل تعامل بشر با دنیای اطراف است. از سوی دیگر نقش‌آفرینی، نقش‌بازی و بازی کردن (Role-playing) شیوه‌ای برای ساده‌سازی مفاهیم آموزشی پیچیده است.

نظریه‌ی بازی پیاژه که بر اساس مشاهدات وی از تیله‌بازی کودکان اروپایی نتیجه‌گیری شده بود، از جمله مهمترین نظریه‌های موجود در حوزه‌ی بازیها است. در این نظریه، بازی روشی برای دسترسی به دنیای بیرون است و نقشی اساسی در رشد افراد دارد.

بازی یکی از اثربخش‌ترین ابزار تربیتی و آموزشی است و حتی می‌توان به کمک آن به پرورش استعدادهای شغلی پرداخت. بازی کردن مستلزم به کارگیری توأمان توان جسمی و ذهنی است و فعالیتی لذت‌بخش است. می‌توان از طریق بازی تجربه و آزمایش کرد و قدرت تعامل، ابتکار، خلاقیت، یادگیری، کار گروهی و تمرکز را در خود ارتقا داد. ژان پیاژه، از روانشناسان صاحب‌نام، دو الگوی یادگیری جذبی و انطباقی را مطرح می‌سازد که اولی مبتنی بر یادگیری خطی است اما یادگیری انطباقی بر کسب مهارت

تأکید دارد. برای مثال، آموختن شنا از انواع یادگیری انطباقی است که فراموشی آن در بلندمدت تقریباً محال است. نقش‌بازی گونه‌ای از یادگیری انطباقی است.

بازی یک روش ایده‌آل برای بیان احساسات و شکوفایی استعدادها است و اجرای آن در برنامه‌های آموزشی می‌تواند به ما در آسیب‌شناسی و شناخت مشکلات و سپس اصلاح مشکلات کمک کند.

به‌وسیله‌ی بازی می‌توانیم با روحیات و شخصیت افراد نقش‌آفرین و استعدادها و شایستگیهای آنها آشنا شویم. تأثیرات اجتماعی بازیها، امری غیرقابل‌انکار است و از راه بازی با دیگران می‌توان روش همکاری، دادوستد، تعامل، احترام به یکدیگر و برقراری ارتباط با دیگران را آموخت.

بازی نقش یا نقش‌آفرینی، از جمله مهمترین ابزارهای آموزشی رایج بویژه در حوزه‌ی آموزش بازاریابی و فروش است که در آن افراد ضمن یادگیری و تقلید، به ابداع و ابتکار موقعیتهای خیالی برای خود دست می‌زنند و یک سناریوی واقعی در تعامل با مشتری را از قبل تمرین می‌کنند. نقش بازی نوعی از شبیه‌سازی است که از میراثهای هنرهای نمایشی یونان باستان به شمار می‌رود. از گذشته نیز بسیاری از جنگ‌سالاران به‌منظور جانشین‌پروری و پرورش نیروهای جنگی قابل، از شیوه‌ی نقش بازی برای اصلاح و تقویت بنیه‌های آموزشی زیردستان خود بهره می‌گرفتند تا افراد خود را به شایستگی برسانند.

بازی و نقش‌بازی، نقشی شخصیت‌ساز دارند و می‌توان به مدد آن چگونگی واکنش و عمل افراد در شرایط گوناگون را مورد سنجش و ارزیابی قرار داد. نقش‌بازی موجب تسریع یادگیری می‌شود و امروزه به بخش شناخته‌شده‌ای از کسب‌وکارها تبدیل شده است و دستیابی به هدفهای آموزش در کسب‌وکار را تسریع می‌بخشد.

نقش‌آفرینی و بازی کردن با هدف آموزش در سر کلاس یا کارگاههای

آموزشی الهام‌بخش بوده، در طرز تفکر ما تغییراتی ایجاد می‌کند، مفرح است و موجب کاهش تنشهای درونی می‌شود. همچنین احتمال خطا را در شرایط واقعی کاهش می‌دهد، تخیل و خلاقیت را تحریک می‌کند، و فرصت ریسک کردن را در اختیار ما قرار می‌دهد.

به علاوه آنکه بازی در گروه امکان یادگیری مهارتهای مشارکت با سایرین، شناسایی نقاط قوت و ضعف شخصی و تسلط بر مدیریت خویشتن و اصلاح رفتارها، و آشنایی با قوانین تعامل و دادوستدهای اجتماعی و رشد اعتمادبه‌نفس را فراهم می‌سازد.

به نظر برخی از متخصصان فروش، اعتمادبه‌نفس از جمله شایستگیهای شخصیتی مهم در فروشندگان کارآمد است. به این معنی که هرچه میزان اعتمادبه‌نفس افراد بالاتر باشد، میزان فروش آنها نیز بالاتر خواهد بود. اما چگونه می‌توان اعتمادبه‌نفس را در تیم فروش خود تزریق کرد؟ از نظر وینس لومباردی، بزرگترین مربی راگبی در دنیا، کل این ورزش در تمرین بلوک کردن توپ و تکل رفتن خلاصه می‌شود. تیمی که بتواند بهتر از رقیب این کار را بکند، احتمالاً پیروز میدان باشد."

مفهوم دیگر و در واقع روی دیگر این جمله آن است که کار نیکو کردن از پر کردن است و باید با تمرین و ممارست به توفیق در مقابل رقیب دست یافت.

تمرین فروش نیز از جمله الزامات این شغل است، اما یک فروشنده‌ی حرفه‌ای هرگز در پیش چشم مشتری تمرین نمی‌کند، همانگونه که یک بازیکن حرفه‌ای فوتبال جلوی چشمان تماشاچیها و در مقابل حریف تمرین نمی‌کند. نقش‌آفرینی و یا نقش‌بازی شاید از مهمترین ابزارهای آموزش بویژه در تمرین اعتمادبه‌نفس باشند. نقش‌آفرینی این فرصت را در اختیار فروشندگان قرار می‌دهد که اطلاعات جدید از محصولات به دست آورند، مهارتهای فروش خود را محک بزنند، و روشهای جدید را امتحان کنند.

در ادامه، به برخی از ترفندهای نقش‌آفرینی در فروش می‌پردازیم:

۱- هرگز نقش‌آفرینی را ساده نگیرید؛ مانور فروش بدهید

فروشندگان می‌بایست یاد بگیرند که با انواع فشارها و تنشها در قالب سؤالات مشتریان بالقوه در خصوص ارزش، قیمت، ویژگیها، و... دست و پنجه نرم کنند.

بنابراین باید شبیه‌سازی دقیق و سختی از موقعیتهای گوناگون فروش در فرایند ایفای نقش و بازی نقش صورت گیرد و نیروها را برای مواجهه با هرگونه شرایط دشوار آماده سازد. بنابراین، سناریوهای فروش و بازی نقش را دقیق و بدون اغماض و درست مانند یک مانور جنگی واقعی بنویسید و اجرا کنید.

۲- آرامش ایجاد کنید

آرامش، کلید دستیابی به اعتمادبه‌نفس در فروش است. ممکن است گاهی نقش‌بازی موجب ایجاد دستپاچگی و اضطراب در افراد شود، بنابراین به منظور تنش‌زدایی از آن، افراد را به گروههای ۳ نفره تقسیم کنید که یکی نقش مشتری، یکی خریدار و دیگری نقش ناظر را ایفا کند. و البته باید بتوانند نقشها را با هم جایگزین کنند. حالا از بازخوردها می‌توان در جهت اصلاح و بهبود رفتارها بهره برد. گروههای کوچک، میزان استرس افراد را کاهش می‌دهند و نتایج بهتری را در بر دارند.

۳- کمی سرگرمی را چاشنی کار کنید

نمی‌توان جنبه‌ی سرگرمی را از بازیها حذف کرد، بنابراین شوخی و سرگرمی را چاشنی آموزشهای مبتنی بر بازی کنید. برای مثال، اجازه دهید که افراد به انتخاب بهترین بازیگران میان خود اقدام کنند و به یکدیگر

جایزه‌های کوچک بدهند.

۴- سناریوهای مختلف را شبیه‌سازی کنید

فروشندگان نباید مثل ضبط صوت عمل کنند و می‌بایست تعامل با تیپهای شخصیتی متفاوت و افراد با عناوین مختلف را بیاموزند.

برای مثال، فروش به شرکتهای بسیار بزرگ و یا دولتی، سازوکاری متفاوت از فروش به سازمانهای خصوصی کوچک را می‌طلبد و یا تعامل با مشتریهای دارای تیپهای شخصیتی متفاوت، می‌بایست مبتنی بر احوالات روحی آنها باشد و نمی‌توان نسخه‌ای واحد را برای تمام مشتریان اجرایی کرد.

۵- فهرستی از ۱۰ اعتراض عمده‌ی مشتریان فروش را تهیه، و سناریوی مدیریت اعتراضات را تمرین کنید.

مدیریت اعتراضات، از جمله مهمترین شایستگیهای فروشندگان است و نیروها می‌بایست از قبل بیاموزند که چگونه پاسخگوی مطالبات گوناگون مشتریان خود باشند.

۶- یاد بگیرید که چگونه بحثهای نامرتبط و انحرافی را دوباره به سمت فرایند فروش سوق دهید.

مشتریان قادرند که از موضوع اصلی منحرف شوند و به حواشی بپردازند. بدین‌رو، ضروری است که با تمرین یاد بگیریم که چگونه باز به مبحث اصلی بازگردیم و فرایند فروش را پی بگیریم.

به طور کلی دو سناریوی "انحراف از اصل مطلب" (فرایند فروش)، و سناریوی "مدیریت اعتراض مشتریان شاکی"، از جمله مفاهیمی هستند که بیش از سایر موارد نیاز به تمرین در حین آموزش دارند.

۷- صدا، دوربین، حرکت.

سعی کنید که حتماً از نقش بازی خود فیلم تهیه کنید تا افراد بعداً بتوانند با مشاهده‌ی عملکرد خود، به بهبود نقاط قوت و ضعفشان بپردازند.

۸- پرسش کنید ... اما با روحیه‌ی حمایتگری.

در انتهای هر کارگاه نقش‌بازی، شخص ناظر می‌تواند از افراد ایفاکننده‌ی نقش مشتری و یا فروشنده، سؤال کند و به نوعی آنها را به چالش بکشد. سؤالاتی مثل اینکه، "به نظر شما، اشکال کار کجا بود یا پیشنهادتان برای بهبود چیست؟"

البته نباید اجازه داد که افراد بیش از حد از خود انتقاد کنند بلکه، می‌بایست با دیدی جامع‌نگر و اصلاحی و واقعی به قضایا نگاه کرد.

۹- نقاط قوت و ضعف نقش‌آفرینان را شناسایی و سپس ثبت کنید.

در هر جلسه و یا کارگاه نقش بازی، فهرستی از نقاط قوت و ضعف افراد در فروش را یادداشت کنید، تا از طریق آن بتوانید آموزشهای هدفمندتری را پیاده‌سازی کنید.

گفتار چهارم
اهمیت سکانس‌بندی
در ارائه‌ی فروش

پیش از اینکه فضای بازارها تبدیل به فضایی رقابتی شود و کسب‌وکارها مجبور باشند برای رسیدن به مشتریان انواع و اقسام روش‌ها را بیازمایند، فروش فرایندی تجربی بود و به دست آوردن تجربه‌ی بیشتر در نتیجه‌ی سال‌ها فعالیت، معیار اصلی برای موفقیت در فروش بود. به عبارت دیگر، فروش سنتی هنری بود که تجربه، پایه و اساس آن را تشکیل می‌داد. با تشدید فضای رقابتی بازار، افرادی همچون دیوید اوگیلوی به این فکر افتادند تا فروش را به فعالیتی نظام‌مند تبدیل کنند و مانند سایر علوم برای آن روش‌شناسی (methodology) تعریف کنند. تلاش این گروه سبب شد تا فروش هرچه بیشتر از سمت هنر بودن به سمت یک علم نظام‌مند سوق پیدا کند و فروشندگان بدانند که باید از کجا شروع کنند و در کجا به پایان مسیر فروش خود برسند.

در باب مراحل مختلف فرایند فروش، تئوری‌ها و نقطه‌نظرات متفاوتی ارائه شده است. با وجود تفاوت‌هایی که در این نظریات مشهود است، اما چند مرحله هستند که حساسیت فوق‌العاده بالای آن‌ها در فروش سبب شده

پای ثابت همه‌ی اظهارنظرها باشند. یکی از این مراحل که باید با دقت و ظرافت بسیار بالایی به‌وسیله‌ی فروشنده انجام گیرد، مرحله‌ی ارائه‌ی فروش (Sales Presentation) است. ارائه‌ی فروش، از جهاتی شبیه سایر ارائه‌ها است.

برای نمونه، آماده‌سازی پیش از ارائه‌ی فروش مانند سایر ارائه‌ها از اهمیت بسیار بالایی برخوردار است. استفاده از زبان بدن مناسب، حفظ اعتمادبه‌نفس در طول ارائه، برقراری تماس چشمی با مخاطب و مسائلی از این دست، از اجزای جدایی‌ناپذیر هر ارائه‌ای هستند. اما حساسیت بالای ارائه‌ی فروش و توجه به این نکته که یک ارائه‌ی نامناسب می‌تواند سازمانی را از درآمدی قابل‌توجه محروم کند، ارائه‌ی فروش را از سایر ارائه‌ها متمایز می‌کند.

فروشندگانی که هم‌اکنون مستقیماً با ارائه‌ی فروش در ارتباط هستند و مدیران و سرپرستان فروشی که بارها این مرحله‌ی مهم را تجربه کرده‌اند، بخوبی می‌دانند که در این مرحله، فروشنده محصولی را که قرار است به خریدار ارائه دهد، به دو صورت متفاوت عرضه می‌کند. به عبارت دیگر، فروشنده یکبار محصول پایه (basic)ی خود را به خریدار ارائه می‌دهد و بار دیگر همان محصول را که این بار شامل مزایا، ویژگیها، و خدمات شاخص‌تر است، در معرض تصمیم‌گیری وی قرار می‌دهد. نکته‌ی بسیار مهمی که حتی فروشندگان باتجربه به آن توجه نمی‌کنند، اهمیت و لزوم سکانس‌بندی در چنین شرایطی است.

سکانس (که از واژه‌ی انگلیسی sequence گرفته شده است) به معنای ترتیب و تسلسل است و بیشتر در ساختن فیلم به کار برده می‌شود اما خوب است بدانید که سکانس‌بندی در فروش و بویژه در ارائه‌ی فروش، نقش بسیار مهمی در موفقیت فروشنده ایفا می‌کند، زیرا همانگونه که اشاره شد، فروشندگان معمولاً یک محصول را به دو شکل متمایز به خریدار ارائه

می‌دهند. لزوم توجه به سکانس‌بندی این پرسش را به وجود می‌آورد که یک فروشنده برای داشتن ارائه‌ای مناسب و بیشتر کردن شانس فروش خود، کدام محصول خود را باید ابتدا به خریدار ارائه دهد و سپس به سراغ محصول بعدی برود؟

برای پاسخ دادن به این پرسش، متخصصان فروش دست به آزمایش جالبی زدند. این آزمایش ساده که بر اساس استعاره‌ی قدیمی نیمه‌ی پر و نیمه‌ی خالی لیوان طراحی شده بود، نتایج مهمی را در پی داشت. در این آزمایش، ابتدا یک لیوان خالی به گروهی از افراد داده شد و سپس نیمی از این لیوان خالی توسط آب پر شد. سپس از این افراد پرسیده شد که آیا نیمی از لیوان آب آنها پر است، یا نیمی از آن خالی است؟ پاسخ ۸۸ درصد از افراد به این سؤال این بود که نیمی از لیوان آب آنها پر است.

پس از آن به گروه دیگری این بار یک لیوان پر از آب داده شد و سپس نیمی از آب آن لیوان جلوی آنها خالی شد. محققان همان سؤالی را که از گروه قبلی پرسیده بودند، دوباره مطرح کردند: آیا نیمی از لیوان پر است، یا نیمی از آن خالی است؟ جالب بود که این بار تنها ۳۱ درصد از افراد اعلام کردند که نیمی از لیوان پر است. به عبارتی ۶۹ درصد افراد معتقد بودند که نیمی از لیوان آب آنها خالی است.

آنچنان که از نتایج این مطالعه برمی‌آید، تغییر در نحوه‌ی ارائه‌ی دو لیوان سبب تغییر در نظر افراد مورد آزمایش شد. وقتی ابتدا لیوان خالی به افراد ارائه شد و سپس نیمی از آن پر شد، بیشتر آنها نیمه‌ی پر لیوان را می‌دیدند اما زمانی که ابتدا لیوان پر به افراد داده شد و سپس نیمی از آب آن خالی شد، بیشتر آنها نیمه‌ی خالی لیوان را می‌دیدند. بنابراین نحوه‌ی سکانس‌بندی روی نگرش افراد تأثیرگذار است.

حال دوباره به بحث ترتیب ارائه‌ی محصول در فرایند ارائه‌ی فروش بازگردیم. فرض کنید ما یک محصول پایه داریم و محصول دیگری که

دارای ویژگیها و خدمات بیشتر و شاخص‌تری است. سؤال اینجا است که ارائه‌ی کدام یک از این دو محصول پیش از محصول دیگر شانس فروش ما را بالاتر می‌برد؟

بر اساس نتایج آزمایش فوق، فروشندگان باید ابتدا محصول پایه‌ی خود را به خریدار ارائه دهند و در طول فرایند ارائه، برای محصول دیگر خود که ویژگیها و مزایای بهتر و بیشتری دارد، ارزش‌سازی کنند و در نهایت آن را ارائه دهند. اما اگر فروشنده ابتدا محصولی را که ویژگیهای بارزی دارد به مشتری ارائه دهد و سپس محصول ساده و پایه‌ی خود را معرفی کند، این نحوه‌ی ارائه‌ی فروش تأثیر چندانی روی خریدار نخواهد داشت.

سکانس‌بندی درست در مرحله‌ی ارائه‌ی فروش روی نگرش مشتری برای خرید بیشتر و سریعتر تأثیر بسیار چشم‌گیری خواهد گذاشت. به‌خاطر داشته باشید که فروش کار بسیار ساده‌ای است، اگر اصول آن را بخوبی بدانید.

گفتار پنجم
نکات طلایی در طراحی فروشگاه

خرده‌فروشان برای موفقیت در دنیای پرتلاطم اقتصاد که گاه‌وبیگاه با رکودهای جدی مواجه می‌شود، باید ویژگیها و رفتارهای خاصی را از خود نشان دهند.

مفهوم فروشگاه، به‌عنوان محلی که دادوستد در آن انجام می‌گیرد پیشینه‌ای به قدمت تاریخ بشریت دارد اما در قرون و اعصار مختلف با توجه به نیاز و تقاضای بازار، دستخوش تغییراتی جدی شده است. امروزه فروشگاه تنها مکانی برای انجام یک معامله نیست بلکه، وسیله‌ای است که می‌توان با بهره‌گیری درست از آن، به بهترین نحو ممکن روی درک مشتری تأثیر گذاشت.

در مبحث خرده‌فروشی، شاید هیچ عنصری مانند فروشگاه نتواند روی درک اولیه‌ی مشتری تأثیرگذار باشد و از این‌رو طراحی فروشگاه به دغدغه‌ای جدی برای خرده‌فروشان تبدیل شده است؛ دغدغه‌ای که در صورت توجه به آن می‌تواند به فرصتی بی‌بدیل برای افزایش فروش و بالا رفتن آگاهی از برند تبدیل شود.

طراحی فروشگاه آنطور که در نگاه اول به نظر می‌رسد، کار ساده‌ای نیست و لازم است عناصر فراوانی دست به دست یکدیگر دهند تا یک فروشگاه طراحی زیبا و البته تأثیرگذاری داشته باشد.

خرده‌فروشان بزرگ اصطلاح متداولی دارند که حقیقتاً جالب توجه است. آنها می‌گویند که در طراحی فروشگاه باید تنها دو کار انجام داد: اجرای تئاتر و ایجاد هیجان. "تئاتر و هیجان" ترکیب بسیار هوشمندانه و جالبی است.

می‌دانید که در تئاتر، طراحی صحنه یکی از عوامل مهم موفقیت به حساب می‌آید، زیرا به تماشاچی این حس را القا کند که آنچه می‌بیند، نمایی از یک زندگی واقعی است.

طراحی فروشگاه نیز باید آنقدر با دقت و ظرافت انجام شود که مشتری خود را در دنیای فروشگاه غرق کند و مرز بین خود و فروشگاه را از یاد ببرد. حال اگر این حس با هیجان برای خرید بیشتر همراه شود، آنگاه می‌توان گفت طراحی فروشگاه وظیفه‌ی خود را بخوبی انجام داده است.

طراحی یک فروشگاه، همانگونه که ذکر شد، کار ساده‌ای نیست و نکات ریز و ظریف بسیاری وجود دارند که باید رعایت شوند تا طراحی موفقی صورت گیرد.

در ادامه به ذکر برخی از این موارد می‌پردازم و باز هم تأکید می‌کنم که تعداد این نکات آنقدر زیاد است که نمی‌توان به ذکر تمام آنها پرداخت. آنچه می‌خوانید تنها بخشی از مهمترین نکات در طراحی فروشگاه هستند:

● **کف‌پوش فروشگاه:**

کف‌پوش فروشگاه می‌تواند مانند نقشه‌ی راه مشتری باشد. شما می‌توانید با استفاده از کف‌پوشهای مختلف با رنگهای متنوع بدون استفاده از هرگونه وسیله‌ی دیگری بخشهای مختلفی در فروشگاه خود به وجود آورید.

گفتار پنجم ۴۱

● نورپردازی در فروشگاه:

نور مناسب از عواملی است که می‌تواند روی تصمیم مشتریان برای خرید تأثیر بسزایی داشته باشد. نورپردازی مناسب در یک فروشگاه به سه عامل بستگی دارد: عملکرد، بهره‌وری، و راحتی.

نور در عین حال که وظیفه‌ی خود را در ترغیب مشتری برای خرید انجام می‌دهد باید تا جای ممکن هزینه‌ی انرژی مصرفی را نیز پایین بیاورد و همچنین محیطی دوستانه و دلچسب برای خرید ایجاد کند.

● فاصله‌ی کالا تا در فروشگاه:

خرده‌فروشان معمولاً کالاهایی را که دارای بیشترین تقاضا از سوی مشتریان هستند، در دورترین فاصله‌ی ممکن نسبت به درِ فروشگاه قرار می‌دهند تا مشتریان مجبور باشند برای رسیدن به کالای مورد نظر خود، فاصله‌ی درِ فروشگاه تا آن کالا را بپیمایند و در طول مسیر کالاهای دیگر را نیز ببینند و حس خریدشان تحریک شود.

● چیدمان قفسه‌ها:

برای اینکه مشتریان کالاهای خاصی را بیشتر ببینند و کالاهای دیگر کمتر در معرض دید آنها باشد، بهترین روش استفاده‌ی درست از قفسه‌ها است. خرده‌فروشان معمولاً کالاهایی را که بیشترین سود را برای آنها دارند در قفسه‌های بالایی و موازی با سطح نگاه مشتری قرار می‌دهند و کالاهایی را که سودآوری کمتری برای آنها دارند، در قفسه‌های پایین می‌چینند.

● موقعیت مکانی فروشگاه:

وقتی می‌خواهید فروشگاهی را احداث کنید، حتماً به موقعیت مکانی آن توجه ویژه‌ای داشته باشید. این سؤالات را مد نظر داشته باشید: آیا فروشگاه

مقابل مرکز خرید است؟ آیا فروشگاه بر خیابان است؟ آیا ترافیک اطراف مغازه‌ی شما روان است؟ آیا تعداد عابران پیاده (پاخور) که از مقابل فروشگاه می‌گذرند زیاد است؟ آیا ماشینهای زیادی در مقابل فروشگاه شما پارک می‌کنند و باعث می‌شوند فروشگاه شما بخوبی دیده نشود؟ این سؤالات مواردی اساسی هستند که بدون در نظر گرفتن آنها، احداث یک فروشگاه ریسک بسیار بالایی خواهد داشت.

● **ارتباط حجم محصولات با سودآوری آنها:**
همواره به دنبال محصولاتی باشید که حجم کم و سودآوری بالایی داشته باشند. این مورد برای فروشگاههایی که محصولات حجیم می‌فروشند (مثلاً فروشگاههای لوازم خانگی) اهمیت فراوانی دارد. اگر محصولی ۵ درصد از فضای فروشگاه شما را اشغال می‌کند، اما ۱۰ درصد از درآمد شما را به وجود می‌آورد، باید تعداد بیشتری از این محصول در فروشگاه خود داشته باشید، اما اگر محصولی ۱۰ درصد از حجم فروشگاه را به خود اختصاص می‌دهد اما تنها ۲ درصد از درآمد شما را تشکیل می‌دهد، لازم نیست فضای فروشگاه خود را با آن هدر دهید.

● **ویترین:**
ویترین فروشگاه بخشی بسیار مهمی از آن است. ممکن است فکر کنید که اولین نقطه‌ی اتصال فروشگاه شما با مشتری، فروشنده است اما اگر خوب فکر کنید، می‌بینید که پیش از آن، نقطه‌ی اتصال دیگری نیز وجود دارد و آن ویترین است.

چیدمان درست ویترین، به کار بردن رنگها در جای مناسب و تعداد محصولاتی که در ویترین چیده می‌شوند، بسیار مهم و البته برای صنایع مختلف متفاوت است.

● **نام فروشگاه:**
لازم است نامی که برای فروشگاه خود انتخاب می‌کنید تا حد امکان بیشترین ارتباط را با حوزه‌ای داشته باشد که در آن فعالیت می‌کنید. البته این به این معنی نیست که نام فروشگاه باید همه چیز را شامل شود. پس سعی کنید که ابتدا نام مرتبطی با حوزه‌ی فعالیت خود انتخاب کنید اما از شلوغ و طولانی کردن آن نیز بپرهیزید.

فروشگاه دارای راز و رمزهای بسیاری است که آگاهی از هر یک از آنها می‌تواند به طراحی بهتر آن و در نتیجه افزایش فروش کمک شایانی کند.

گفتار ششم

چگونه ویترین‌گردها را به خریدار تبدیل کنیم؟

قرنها است که فروشندگان در تلاشند تا به هر طریقی که شده، پای گوشه‌ای از جمعیت عظیم رهگذران عبوری و ویترین‌گردها را به داخل فروشگاه خود باز کنند.

ویترین‌گردها به‌صورت بالقوه خریدار هستند و می‌توان با تکنیک‌هایی، آنها را در چرخه‌ی خرید وارد کرد.

پدیده‌ی ویترین‌گردی همچنین در فضای مجازی نیز وجود دارد. امروزه میلیونها نفر در سراسر دنیا روزانه به گشت‌وگذار در وب‌سایتهای مختلف می‌پردازند و به نوعی ویترین‌گردی می‌کنند. بنابراین وب‌سایتها، پیشخوان و ویترین مجازی سازمانها یا شرکتها به حساب می‌آیند و از اهمیتی خاص در جذب مشتری برخوردارند.

در طول تاریخ، بشر همواره برای تهیه‌ی نیازهای اولیه‌ی خود نوعی از خرید و فروش را به شکل تبادل و تهاتر انجام می‌داده است، که به مرور زمان این نوع مبادله به تبادل پول با جنس تبدیل شد که هر دو طرف خریدار و فروشنده قادر باشند تا به این طریق نیازهای خود را تأمین کنند.

خرید و فروش، یک نیاز اجتماعی و در عین حال یک سرگرمی لذت‌بخش است و ویترین‌گردی را می‌توان مقدمه‌ای بر آن دانست. ویترین‌گردها مشتریان بالقوه‌ی مشتاق و علاقه‌مند به خرید هستند، هر چند که اغلب فروشندگان به اشتباه توقف بیجا(!) را مانع کسب می‌دانند و ویترین‌گردها را صرفاً رهگذرانی بی‌هدف تصور می‌کنند.

البته درست است که ویترین‌گردها به‌طور فعال در فرایند خرید درگیر نیستند، اما آنها به نوعی به محصولات پشت ویترین علاقه‌مندند. چرا که اگر علاقه‌ای به خرید نداشتند، هرگز وقت خود را صرف سرک کشیدن و خیره شدن به ویترین نمی‌کردند.

اینکه ویترین‌گردی گاه به خرید نمی‌انجامد، دلایل بسیاری دارد؛ از جمله آنکه:

- شاید آنها می‌خواهند قبل از تصمیم به خرید اطلاعات بیشتری به دست آورند.
- شاید در مورد اینکه از کدام فروشگاه خرید کنند، مردد هستند.
- شاید آنها هوادار شما هستند و به اجناس‌تان علاقه دارند. اما برای مثال فعلاً پول کافی برای خرید ندارند.
- و بسیاری شایدهای دیگر.

این موضوع در خصوص ویترین‌گردهای مجازی هم صدق می‌کند و آنها نیز به‌صورت بالقوه از مشتریان هدف به شمار می‌روند. کم پیش می‌آید که کسی از سر اتفاق و شانس وارد یک سایت شود بلکه، موضوع از این قرار است که چیزی آنها را به سایت شما هدایت کرده است؛ چیزهایی مثل خرید، علاقه، کشف و شهود، و... بنابراین ضروری است تا به‌سادگی از کنار ویترین‌گردها عبور نکنیم و به نوعی حس خرید را در آنها تحریک و یا دست‌کم با سازوکاری هر چند مختصر اطلاعاتی از آنها دریافت کنیم تا تماس‌مان قطع نشود.

تلنگرهای احساسی، عاملی در تبدیل ویترین‌گردها به خریداران واقعی
مشتریان منفعل مادامی که از طرف کسی ترغیب نشوند، همچنان منفعل باقی خواهند ماند. سنگی با لبه‌های گرد را در میان یک علفزار تصور کنید. قطعاً اگر تلنگری به این قلوه سنگ وارد نشود تا سالها در جای خود باقی خواهد ماند. اما به محض آنکه تلنگری به آن بزنید، از جای خود می‌غلتد و رو به جلو پیش می‌رود. بنابراین از تلنگرهای احساسی در جهت ترغیب ویترین‌گردها به خرید بهره ببرید.

در دنیای فروش، سندرمی به نام سندرم پا گذاشتن در فروشگاه وجود دارد که مفهوم آن این است که به محض آنکه فرد پای خود را داخل فروشگاه بگذارد، احتمال خرید او ناگهان بیشتر می‌شود. بنابراین، از چاشنیهای احساسی در فروشگاه (فیزیکی یا مجازی) خود بهره ببرید. دعوت به ثبت‌نام در سایت، دعوت به تماشای یک ویدئو پادکست رایگان، و... و یا بهره‌گیری از قوه‌ی طنز، در جلب مشتری تأثیر بسزایی دارند.

شوخ‌طبعی بجا و متناسب، عاملی مهم در ایجاد جو همدلی و اعتماد است. برای نمونه به این مثال طنزآلود که در غرب بیشتر استفاده می‌شود توجه کنید:

"آقای عزیز؛ دوست ندارید همه‌ی پولتان را در فروشگاه من خرج کنید؟"

بازاریهای سنتی از تکنیکی به نام "عامل چسبندگی" برای جذب ویترین‌گردها بهره می‌برند.

اصطلاح چسبندگی از واژگان متداول در ادبیات اینترنت و محیط مجازی است و مقصود از آن قدرت جذب مخاطب است. برای مثال برخی فروشندگان بازارهای سنتی، شما را به نوشیدن چای یا چشیدن محصولات خود دعوت می‌کنند و در این حین فرصت جلب نظر ویترین‌گردها را می‌یابند. این کار امکان تعمیق روابط با مخاطبان بالقوه را بیشتر می‌کند و ذهن آنها را آماده‌ی خرید می‌کند.

روشهایی برای تبدیل ویترین‌گردها به خریدار

همانگونه که گفته شد، خرید فرایندی عمدتاً احساسی است، بنابراین درگیرسازی مشتری یا ویترین‌گرد در فرایند خرید، مستلزم تحریک هیجانی او است. اما چگونه می‌توان احساس مشتری را در جهت تصمیم‌گیری سوق داد؟ در ادامه با تعدادی از روشهای تحریک هیجانی مشتریان آشنا می‌شویم:

۱- با احترام و احساس مثبت با ویترین‌گردها برخورد کنید. گویی که چند سال است مشتری‌تان هستند.

همواره امید بفروشید؛ ارتقای احساسات مثبت، اساس و جوهره‌ی بازاریابی و تبلیغات است. افکار مثبت موجب تحریک مثبت مغز و ترشح برخی هورمونها از جمله دوپامین و سروتونین می‌شود. بدین‌رو وظیفه‌ی نخست فروشندگان، فروش امید و نوید دادن شادکامی است.

۲- طعم حرفه‌ی خود را به ویترین‌گردها بچشانید.

اهمیت ارائه‌ی نمونه‌های آزمایشی محصول (نمونه) مدتها است که به‌وسیله‌ی برندهای بزرگ درک شده است. برای مثال، کوکاکولا از اواخر دهه‌ی ۱۸۸۰ میلادی به توزیع کوپنهای رایگان نمونه میان مردم پرداخت که آنها را دعوت به دریافت یک بطری رایگان کوکاکولا می‌کرد. بسیاری از صاحب‌نظران همین تاکتیک را از عوامل اساسی توسعه‌ی کوکاکولا از قلمروی یک شهر کوچک تا سراسر جهان می‌دانند. بعدها شما می‌توانستید با خرید هر ۹ بطری کوکاکولا یک بطری رایگان دریافت کنید. آنها محصولات رایگان خود را برای افراد مشهور و کلیدی هم ارسال می‌کردند.

سمپلینگ از عوامل تولید ارزش برای مشتری است و عاملی مهم در تحریک رفتار خرید است. در محیط مجازی نیز می‌توان با ارائه‌ی محتوای رایگان، دانلود رایگان، امتحان ۳۰ روزه، ضمانت برگشت پول، امتحان کالا

به مدت یک یا دو شبانه‌روز و بعد استرداد در صورت عدم رضایت و کارهای این‌چنینی، مشتری را برای خرید تحریک کرد.

۳- موقعیت ویترین‌گرد را به‌سرعت بررسی و برحسب نیاز آنها ابتدا محصولات کاملاً کاربردی و نسبتاً ارزان‌قیمت خود را پیشنهاد دهید.
فرض کنید باران می‌بارد و شما در فروشگاه خود چتر دارید، پس می‌توانید با پیشنهاد چتر به رهگذران، پای تعدادی از آنها را به مغازه‌ی خود باز کنید. نتایج یک مطالعه نشان داده است که به محض آنکه مصرف‌کننده تصمیم می‌گیرد که اولین محصول را خریداری کند، احتمال خرید اقلام دیگر و تکرار خرید بشدت افزایش می‌یابد.

۴- اگر نمی‌توانید چیزی به ویترین‌گردها بفروشید، اما می‌توانید به آنها مشاوره دهید و یا اطلاعات بیشتری از کسب‌وکار خود را در اختیارشان بگذارید.
ویترین‌گردها بازار هدف مناسبی برای ما هستند و چنانچه هدف آنها از ویترین‌گردی کسب اطلاعات بیشتر برای تصمیم‌گیری باشد، می‌توان با مشاوره‌ی دقیق و صحیح، آنها را گامی فراتر برد و یا با در اختیار گذاشتن اطلاعات کافی به آنها کمک کرد تا تصمیم صحیح‌تری بگیرند. ارائه‌ی کاتالوگ، کارت ویزیت، نمونه‌ی محصول، راهنمایی شفاهی، و... از جمله روشهایی هستند که می‌توانند به تصمیم‌گیری بهینه‌ی ویترین‌گردها کمک کنند.

۵- اجازه دهید بروند، اما خود را در ذهن آنها جاودانه کنید.
با ویترین‌گردها بخوبی و با احترام رفتار کنید، اما هرگز موی دماغ آنها نشوید؛ چرا که ممکن است در آینده‌ای نزدیک یا دور، مشتری پروپاقرص

شما شوند.

نکته‌ی مهم این است که آنها فروشگاه شما را با مشتی خاطره و احساس مثبت ترک کنند. پس به ویترین‌گردها خوشامد بگویید، دلسوزانه راهنمایی‌شان کنید، و لبخندی واقعی به آنها هدیه کنید.

۶- در مقابل ویترین‌گردها فرش قرمز پهن کنید.

به احترام عابران پیاده، ویترین خود را آراسته کنید و با هنرمندی احساسات و هیجانهایشان را تحریک کنید. پخش موسیقی ملایم، آکندن یک رایحه‌ی ملایم در فضا، اجرای یک چیدمان ساده و چشم‌نواز، ارائه‌ی قیمتهای منطقی و مناسب، برقراری امکان امتحان محصول و... از جمله مواردی هستند که می‌توانند موجب ترغیب هیجانی مصرف‌کنندگان شده و بر تصمیم‌گیری آنها اثرگذار باشند.

ویترینها، آهنربای جذب مشتری هستند و ویترین‌آرایی امروزه از حرفه‌های تخصصی در عرصه‌ی فروشگاه‌داری است. ویترین‌آرایی کاری هنری و آمیخته با ذوق است که مبتنی بر اصول روانشناسی انجام می‌پذیرد و به این ترتیب حس کنجکاوی عابران را برمی‌انگیزد. عابران پیاده با دیدن ویترینهای زیبا، ناخودآگاه می‌ایستند و بی‌اختیار نگاهی از سر کنجکاوی به چیدمان محصولات می‌اندازند و از همین نقطه است که خرید کالا در ذهن عابران کلید می‌خورد.

گفتار هفتم
چگونه شاگرد مغازه استخدام کنیم؟

شاگرد مغازه بیشترین تماس را با مشتری دارد و رفتار و کردارش نقش مستقیم و مؤثری در خوشنامی و اعتبار مغازه و همچنین فروش ابزار و سایر محصولات دارد. اگر در انتخاب شاگرد مغازه دقت نکنیم، ضررو زیان هنگفتی نصیب ما خواهد شد که بعضی از این زیانها مثل کاهش فروش مشهود است و بعضی دیگر مثل از دست دادن اعتبار در دوران زمانی کوتاه، قابل مشاهده نیست اما در بلندمدت آثار مخرب بسیار زیادی دارد.

به صراحت تأکید می‌کنم شما تمام سرمایه و آبروی خودتان را در اختیار شاگرد مغازه قرار می‌دهید. به همین جهت توصیه می‌شود انتخاب، آموزش، و نظارت بر عملکرد شاگرد مغازه را جدی بگیرید. در اینجا قصد دارم توصیه‌هایی برای انتخاب شایسته‌ی شاگرد مغازه ارائه کنم. امیدوارم مورد توجه و استفاده شما قرار گیرد.

۱) افرادی را انتخاب کنید که چهره‌ای دلنشین داشته باشند و از پذیرش انسانهای عبوس و اخمو و بدعنق خودداری کنید. شاگرد مغازه باید فردی احساسی، خونگرم، و صمیمی باشد.

۲) افرادی را انتخاب کنید که تیپ متناسب با عرف بازار داشته باشند؛ لباس و موی آراسته و سر و صورت مرتب از دیدگاه مشتریان را مد نظر داشته باشید.

۳) افرادی را انتخاب کنید که زیباگفتار باشند و از پذیرش کسانی که الفاظ نازیبا را در گفتارشان استفاده می‌کنند، خودداری کنید.

۴) افرادی را انتخاب کنید که از سلامت جسمی لازم برخوردار باشند به همین جهت اخذ تعهدنامه مبنی بر اقرار به سلامتی، لازم است و حتماً آزمایشات پزشکی را جدی بگیرید. آزمایش عدم اعتیاد از آن جمله است؛ دفترچه‌ی کسانی که بیمه دارند را بررسی کنید و اگر زیاد به پزشک مراجعه کرده‌اند، بررسی بیشتری داشته باشید.

۵) افرادی را انتخاب کنید که پشت سر رئیس سابقشان حرف نمی‌زنند و دلایل خارج شدن آنها از محل کار قبلی را جستجو کنید، و با محل کار سابقشان تماس بگیرید. این تحقیقات اهمیت زیادی دارند.

۶) افرادی را انتخاب کنید که هوش ریاضی خوبی دارند، اعداد و ارقام را می‌شناسند، کار با ماشین‌حساب با سرعت بالا را بلد باشند. اشتباه در محاسبات نداشته باشند، در صورتی که با کامپیوتر سر و کار دارید، آیا آنها از این مهارتها برخوردار هستند یا خیر؟ امتحان گرفتن از ایشان برای این موارد ضروری است.

۷) افرادی را انتخاب کنید که مثبت اندیش باشند. با آنها صحبت کنید، در کلامشان مشخص می‌شود که منفی‌باف هستند یا مثبت‌اندیش. انسانهای

منفی‌باف در ناکامی‌هایشان زمین و زمان را مقصر می‌دانند و همیشه خودشان را بی‌عیب معرفی می‌کنند. انسانهای منفی‌باف اعتقاد زیادی به شانس و اقبال دارند. اما انسانهای مثبت‌اندیش خودشان را مسئول زندگی‌شان می‌دانند.

۸) افرادی را انتخاب کنید که اهل توکل، اما با همت هستند. گفتگو با ایشان و بررسی سوابق‌شان، شما را به شناخت خوبی از آنها می‌رساند.

۹) افرادی را انتخاب کنید که از تجربه‌هایشان نکات ارزشمندی یاد گرفته‌اند و هر سال‌شان با سالهای گذشته فرق داشته است.

۱۰) افرادی را انتخاب کنید که استعداد یادگیری خوبی داشته باشند و اهل مطالعه باشند. مثلاً یک متن را به آنها بدهید که بخوانند و سپس برداشت‌هایشان را به شما بگویند.

۱۱) افرادی را انتخاب کنید که نقاط قوت و نقاط ضعف‌شان را بشناسند و بدانند برای پرورش نقاط قوت و برطرف کردن نقاط ضعف، چه باید بکنند؟

۱۲) افرادی را انتخاب کنید که با ادب باشند و احترام به بزرگتر و احترام به مشتری را اصل اساسی بدانند.

۱۳) افرادی را انتخاب کنید که سعه‌ی صدر بالایی داشته باشند، سریع عصبی نشوند، از کوره در نروند و در مقابل مشتری مقاومت و صبوری داشته باشند.

شما می‌توانید در مصاحبه‌ی استخدامی، عمداً متقاضی را عصبانی کنید تا متوجه شوید که چقدر تحمل و بردباری دارد.

۱۴) افرادی را انتخاب کنید که از سلامت نفس و پاکی چشم برخوردار باشند. هر چند در برخی صنایع مانند صنعت ابزار خانمها کمتر مراجعه دارند اما یک شاگرد مغازه نحوه‌ی رفتارش باید طوری باشد که از هر لحاظ مورد تحسین قرار گیرد.

۱۵) افرادی را انتخاب کنید که از پدر و مادرشان به نیکی یاد می‌کنند و احترام به والدین و نقش دعا و خیرخواهی آنان را در موفقیت و آینده‌ی خویش مهم می‌دانند.

۱۶) افرادی را انتخاب کنید که پرتحرک، شاداب، و خودکار باشند. از استخدام انسانهای تنبل خودداری کنید.

۱۷) افرادی را انتخاب کنید که با جان و دل، باور داشته باشند مشتری ولی نعمت ما است و خشنودی و رضایت مشتری با رعایت برد طرفین را اساس کسب و کار می‌دانند.

۱۸) افرادی را انتخاب کنید که جستجوگر باشند و خودشان را از اطلاعات جدید در مورد بازار بهره‌مند سازند و اطلاعات دقیق را در اختیار مدیر مغازه قرار دهند.

۱۹) افرادی را انتخاب کنید که برای زیبایی و نظافت خودشان و مغازه، حساسیت نشان دهند. چیدمان شایسته‌ی ابزار، تمیز بودن ویترین و مغازه

در کنار خوشرویی و احترام به مشتری از نکات اساسی کسب‌وکار موفق است.

۲۰) افرادی را انتخاب کنید که حس خوبی از آنها داشته باشید و تمایل داشته باشید که آنها را برای شام به منزلتان دعوت کنید و کنار خانواده‌ی خود سر سفره بنشانید. اگر چنین حس خوبی از فرد متقاضی داشتید، او را استخدم کنید. شما قرار است برای این یکی خانه‌تان (یعنی مغازه) فرزندی را به کار بگیرید. پس باید از همه لحاظ او را مقبول بدانید.

۲۱) تمام نکات فوق از مشاهده‌ی درست در هنگام گفتگو با فرد متقاضی و بررسیهای لازم، قابل دستیابی هستند. تقاضا می‌کنم این گفتار را چند بار بخوانید و نکات اساسی آن را یادداشت‌برداری کنید تا در هنگام مصاحبه‌ی استخدام به کارتان آید.

گفتار هشتم
سه سؤال اساسی
در استخدام استعدادهای فروش

امروزه بسیاری از مدیران کسب‌وکار با چالشی اساسی در حوزه‌ی منابع انسانی روبه‌رو شده‌اند، چرا که هیچ راهبرد مشخص و مدوّنی برای جذب نیروهای شایسته و مستعد ندارند.

غالب سازمانها تنها پس از اخراج یا ترک کار برخی کارمندانشان به تکاپو می‌افتند تا جای خالی نیروی خود را به هر روش ممکن از جمله آگهی در جراید و رجوع به مراکز کاریابی پر کنند. اما در غالب اوقات و به دلیل اهمال‌کاری و تعجیل در فرایند جذب نیرو، افراد استخدام‌شده فاقد شایستگیها و شاخصه‌های مورد نیاز شغلی بوده و مجموعه را دچار آسیب می‌کنند.

جابه‌جایی بالای نیروی کار، معضلی جهانی در دنیای کسب‌وکار است و این مهم، ضرورت اتخاذ رویکردهای نوین در شایسته‌یابی، شایسته‌گزینی، و شایسته‌سالاری را در سازمانها مطرح می‌سازد. عدم به‌کارگیری سیستمی منسجم در جذب و حفظ نیروی انسانی، موجب اتلاف سرمایه‌های مادی و معنوی سازمانها می‌شود.

پیش از ورود به مبحث اصلی، لازم است که ابتدا کمی در روشهای فروش خود تجدیدنظر کنیم و فرایندهای بیهوده و فرسایشی را از آن حذف کنیم.

همواره سازمان خود را به‌عنوان یک سازمان یادگیرنده تلقی کنیم و با اجرای برنامه‌های آموزشی، تجارب شخصی و کاری خود را در راستای اعتلای منابع انسانی به کار گیریم. تأمین محتوای آموزشی و تشویق کارکنان به گردش آزاد دانش و اطلاعات، موجب تقویت بنیانهای منابع انسانی و روزآمد بودن آنها می‌شود.

ضروری است که دارای یک سیستم پاداش حساب‌شده باشیم و آراستگی ظاهری و ذهنی را فراموش نکنیم.

استیو ساگز، از متخصصان استخدام استعدادهای فروش و مؤلف کتاب "آیا آنها قادرند بفروشند؟" (?Can they sell) است. او تکنیکهای منحصربه‌فرد، ساده و در عین حال اثربخشی را برای جذب نیروهای مستعد فروش مطرح می‌سازد.

مصاحبه‌های استخدامی، از جمله مراحلی است که تقریباً تمامی کارجویان می‌بایست از فیلتر آن عبور کنند و نقشی تعیین‌کننده در استخدام افراد دارد. در واقع مصاحبه را می‌توان سخت‌ترین خوان استخدام برشمرد.

مصاحبه‌ی حرفه‌ای، جلسه‌ای مشتمل بر مجموعه‌ای از سؤالات دوطرفه به همراه پاسخها و گپ‌وگفت پیرامون این سؤالات است. این سؤالات، نقشه‌ی راه مدیران برای هدایت جلسه به شمار می‌روند.

مهارت مصاحبه‌گری، از شایستگیهای اساسی مدیران و رهبران سازمان و متخصصان منابع انسانی است و یک مصاحبه‌گر شایسته پرسشهایی شایسته را مطرح می‌سازد؛ پرسشهای چالشی که تنها با یک پاسخ بله یا خیر تکمیل نمی‌شوند و فرد مورد مصاحبه را به فکر فرو برده و وادار به گفتگوی دوجانبه و عمیق می‌کند. آنها می‌دانند که باید ابتدا با در پیش

گرفتن رفتاری دوستانه و طرح پرسشهای ساده و اظهارنظرهای دوستانه، کمی از خشکی فضا بکاهند و بعد به‌صورت جدی وارد فرایند مصاحبه شوند.

اما در فرایند جذب نیروهای فروش باید چه سؤالاتی را مطرح کنیم؟ پاسخ به این سؤال را استیو ساگز می‌دهد. امروزه صدها و بلکه، هزاران منبع مختلف برای سؤالات مصاحبه وجود دارد، اما غالب این سؤالات فاقد ارزش و کارآیی لازم هستند. لازم به ذکر است که بهترین پرسشهای مصاحبه، روی نگرشها، انگیزه‌ها، ویژگیهای شخصیتی افراد و یا مهارتهای فروش آنها مانور می‌دهند.

سؤالات می‌بایست متناسب با ویژگیها و شایستگیهای کارجویان باشد. در این میان، مطرح کردن سه پرسش، بویژه در مصاحبه‌های کوتاه یا تلفنی از اهمیتی وافر برخوردار است:

۱) ابتدا سؤال کنید که فرد متقاضی چقدر زمان صرف کرده تا در خصوص شرکت و نوع فعالیتهای شما کسب اطلاع کند. مطرح کردن این سؤال از جنبه‌های مختلف حائز اهمیت است، از جمله آنکه می‌توان متوجه شد که فرد متقاضی چه برداشتی از کار آینده‌ی خود دارد. از فرد سؤال کنید:

- در مورد ما چه می‌دانید؟

حال این سؤال را تکمیل کنید:

- کدام جنبه از فعالیتهای ما برای شما جذاب است و آن را دوست دارید؟

باید بدانیم که کارجویان مسلط و علاقه‌مند، از قبل و به طرق مختلف در مورد سازمان متقاضی کار در آن، تحقیق می‌کنند و بررسیهای مفصلی پیرامون آن انجام می‌دهند، و لذا می‌توانند پاسخی دقیق به این قبیل سؤالات بدهند و اطلاعات جزئی و دقیقی را در مورد سازمان و نوع فعالیتهای آن

ارائه دهند. آنها همچنین با شور و شوق خاصی در مورد نقاط قوت سازمان و شغل مورد نظر خود اظهارنظر می‌کنند. این نگرش موجب می‌شود که مراحل پیشرفت و اجتماعی شدن در سازمان را با سرعت بالاتری طی کنند.

۲) در مرحله‌ی بعد می‌بایست یک ارزیابی از نگرش کارجویان به محصولات و صنعت خود صورت دهیم. به‌منظور انجام این ارزیابی، می‌توانیم چنین سؤالاتی را مطرح کنیم:

● چه چیز باعث آن شد که علاقه‌مند شوید با ما همکاری کنید؟

عموماً پاسخ کارجویان مسلط این است که از تجربه‌ی خود در استفاده از محصولات یا کار در حوزه‌ی صنعت ما صحبت می‌کنند. آنها ممکن است خود از مشتریان ما بوده باشند و به برند ما وفادار باشند. این موضوع نکته‌ای اساسی در جذب نیروهای فروش است، چرا که یک نیروی فروش قابل، باید خود در مقام خریدار مایل باشد که از محصولاتی که می‌فروشد با کمال میل استفاده کند.

فروشندگان مستعد به کار خود عشق می‌ورزند و مشتری را ولی‌نعمت خود دانسته و ارائه‌ی خدمات به او را اولویت می‌دانند. آنها به پیشرفت علاقه دارند و با اشتیاقی خاص، از پیشرفت و درآمد بیشتر حاصل از آن صحبت می‌کنند.

۳) در مرحله‌ی بعد باید به ارزیابی خودانگاره یا تصویر فرد از خود به‌عنوان یک فروشنده بپردازیم. بدین‌رو، باید چنین سؤالی را مطرح کنیم:

● به نظر شما چه چیزهایی لازمه‌ی موفقیت در شغل فروشندگی است؟

کارجویان مستعد از واژه‌هایی چون اطمینان و اعتمادبه‌نفس، انگیزش، توانایی فوق‌العاده در فروش و خدمات‌رسانی به مشتری، مدیریت صحیح

زمان، قابلیت انجام چند کار و چندوظیفه‌گری، سختکوشی، صداقت و رعایت جانب امانت، مسئولیت‌پذیری و یاری‌رسانی به دیگران، همکاری در عین رقابت، و... استفاده می‌کنند.

باید به این نکته توجه داشت که گاه ویژگیهای مشترکی میان افراد هم‌صنف وجود دارد. بدین‌رو، اگر فردی که با او مصاحبه می‌کنیم مثل بهترین فروشنده‌هایمان رفتار نمی‌کند و کلام و کردار او شبیه آنها نیست، احتمالاً در آینده نیز این فرد به یکی از بهترین فروشنده‌های‌مان تبدیل نخواهد شد.

این سؤالات در عین سادگی شناختی عمیق را نسبت به روحیات و شایستگیهای افراد در اختیارمان قرار می‌دهند، و می‌توان با اکتفا به آن دست به انتخاب بهتر و کم‌خطرتری زد.

فصل دوم

اسرار فروش

گفتار نهم
هفت دروغ بزرگ فروشندگان به خودشان

دروغ گفتن، از بزرگترین اشتباهات برخی از فروشندگان و بازاریابان است. در این گفتار، به ۷ دروغ رایجی می‌پردازیم که فروشندگان به خود می‌گویند:

• دروغ اول: اگر شرکت قیمتها را پایین بیاورد، من به سهم مقرر خود دست خواهم یافت.

این بزرگترین و معمول‌ترین دروغی است که از فروشندگان می‌شنویم. اگر برای خاتمه‌ی معامله تنها به قیمت و کاهش آن اتکا کنید، اینگونه مشتری در جهت درخواست پیاپی تخفیف شرطی خواهد شد و نتیجه چیزی جز ضرر نخواهد بود. تلاش کنید تا ارزشی را که مشتری از خرید از شما و شرکت‌تان دریافت می‌کند را به او اثبات کنید.

مبارزه‌ی قیمتی با رقبا خانمانسوز است. شما بهتر است مطلوبیت نهایی که از پرداخت هزینه‌های مختلف و دریافت فایده‌های مختلف نصیب او می‌شود را نشان دهید.

● **دروغ دوم: معامله در مشتم است!**
این اشتباه یا دروغ نیز به کرّات از فروشندگان سر می‌زند. اینکه مشتری لب به تعریف و تمجید از محصول ما بگشاید و از علاقه‌ی وافر خود به محصولات ما سخن بگوید، دلیل آن نیست که واقعاً قصد خرید داشته باشد. بارها از مشتری جملاتی نظیر اینها را شنیده‌ایم، اما در واقع گاهی چنین اظهارنظرهای خوش‌آب‌ورنگی، تنها راهی برای طفره رفتن از تصمیم‌گیری نهایی هستند.

مادامی که طرف معامله زیر قرارداد را امضا نکند، یا به گونه‌ای سفارش خود را قطعی نکند، هیچ معامله‌ای تضمین شده نیست.

● **دروغ سوم: رقابت همواره باعث ارائه‌ی قیمتهای بهتر می‌شود**
می‌گویند دو نوع ابله در بازار وجود دارد؛ یکی آنکه قیمت کالاهایش را بیش از حد پایین می‌گذارد، و دیگری کسی که قیمت را بیش از حد بالا می‌گذارد و مشتریانش را از دست می‌دهد! اما ابله‌تر از این دو دسته، کسانی هستند که در چاه بی‌انتهای رقابتهای قیمتی فرو می‌افتند.

اینکه رقبا همواره در تمام محصولات قیمتهایی پایین‌تر از شما ارائه دهند، بندرت پیش می‌آید. بنابراین، هیچ‌گاه خود را درگیر رقابتهای سنگین قیمتی نکنید، چرا که در نهایت هم شما و هم رقیب، شکست‌خورده‌ی این میدان خواهید بود. قیمت‌گذاری، چالش بزرگ کسب‌وکارهای امروز جهان است که امروزه به علمی پیچیده و جذاب تبدیل شده است. این علم با تحلیلهای اقتصادی و روانشناختی و با بهره‌گیری از تکنیکهای پیشرفته، به تحلیل رفتار مشتری در برابر قیمتهای مختلف یک محصول می‌پردازد و بهترین قیمت را انتخاب می‌کند.

● **دروغ چهارم: عدم تعیین هدف فروش، مسأله‌ی مهمی را به وجود**

نخواهد آورد

چگونه می‌توان بدون تعیین مقصد و هدف، عملکرد افراد را مورد سنجش قرار داد؟!

هدفها، معیار ما برای سنجش عملکرد هستند. هدفها همچنین عاملی الهام‌بخش و انگیزه‌بخش برای پیشرفت هستند. هدفهای هر شخص نمایانگر شخصیت درونی او است. انسانهای با شخصیتی فعال و پویا براحتی به هدفهای والای خود دست می‌یابند؛ شخصیتی که حالات بیرونی او را شکل می‌دهند. دستیابی به هدفهای هر چند کوچک، باعث ایجاد تفکری مثبت نسبت به خود و در نتیجه بالا بردن ضریب اعتمادبه‌نفس و در نهایت آسان جلوه کردن همه‌ی امور می‌شود.

گفته می‌شود که از اسحاق نیوتن در سالهای پایانی عمرش سؤال شد که چگونه برای او این امکان فراهم آمد که توانسته این همه به دنیای علم خدمت کند، او پاسخ داد "با نیندیشیدن به هیچ چیز دیگر".

نکته‌ی نهفته در این نقل قول آن است که باید مطمئن شویم هر قدمی که برمی‌داریم در راستای رسیدن به اهدافمان باشد.

• دروغ پنجم: هیچ‌کس نمی‌خرد

کنث بلانچارد می‌گوید: تولید منهای فروش یعنی آشغال! هر چند اوضاع اقتصاد جهانی به ظاهر آشفته است، با این حال مردم همچنان تصمیم به خرید می‌گیرند و این فرصتی بزرگ برای بازاریابان است؛ خرید، جزء جدایی‌ناپذیر زندگی روزمره‌ی انسانها است؛ لذا بازار خرید حتی در مواقع بحران اقتصادی نیز می‌تواند با چاشنی کردن اندکی خلاقیت گرمتر شود.

فراموش نکنید که باارزش‌ترین دارایی ما توانایی کسب درآمد است نه آن پولی که به دست می‌آوریم.

توانایی از دست نمی‌رود، اما پول و ثروت ممکن است بارها از دست

برود. بنابراین هیچ‌گاه توانمندیهای خود در فروش را دست‌کم نگیرید و همواه درصدد رشد آنها برآیید.

• دروغ ششم: نیازی به تمرین ارائه‌ی فروش وجود ندارد

نیروهای فروش از این نظر قابل مقایسه با ورزشکاران حرفه‌ای هستند؛ ورزشکاران حرفه‌ای حتی اگر با فاصله‌ی بسیاری نسبت به رقبا صدرنشین میدان باشند، باز دست از تمرین و ممارست برنخواهند داشت.

نیروهای حرفه‌ای فروش نیز از پیش سؤالاتی را که باید مطرح کنند را بخوبی تمرین می‌کنند.

• دروغ هفتم: شغل من تضمین شده است

جک ولش در پاسخ به این عده، جمله‌ی زیبایی دارد. او می‌گوید: "شرکتها نمی‌توانند به شما تضمین شغلی بدهند؛ این کار تنها از مشتریان ساخته است".

• حقیقت آخر: واقعیت وجودی خود را کشف کنید

حقیقت هر چه تلختر باشد، باور آن می‌تواند تجربه‌ای شیرین را رقم بزند. دروغ در فروش، علاوه بر محدود ساختن قابلیتهای شما در افزایش فروش از دستیابی‌تان به اهدافتان ممانعت خواهد کرد.

به جای دروغ گفتن به خود، به کشف قابلیتهایتان بپردازید و دیدگاهی واقع‌بینانه به مسائل داشته باشید؛ درست مانند سرهنگ ساندرس، مؤسس رستورانهای زنجیره‌ای کنتاکی، که می‌توان درسهای بسیاری از او آموخت. سرهنگ ساندرس یک روز در منزل نشسته بود که در این میان نوه‌اش آمد و گفت: بابابزرگ این ماه برایم یک دوچرخه می‌خری؟

او نوه‌اش را خیلی دوست داشت، و گفت: حتماً عزیزم. حساب کرد

ماهی ۵۰۰ دلار حقوق بازنشستگی می‌گیرم و حتی در مخارج خانه هم می‌مانم و شروع کرد به خواندن کتابهای موفقیت.

در یکی از بندهای یک کتاب نوشته بود: قابلیتهایتان را روی کاغذ بنویسید. او شروع کرد به نوشتن.

دوباره نوه‌اش آمد و گفت: بابابزرگ داری چه کار می‌کنی؟

پدربزرگ گفت: دارم کارهایی که بلدم را می‌نویسم. پسرک گفت: بابابزرگ بنویس مرغهای خوشمزه درست می‌کنی. درست بود. پیرمرد پودرهایی را درست می‌کرد که وقتی به مرغها می‌زد، مزه‌ی مرغها شگفت‌انگیز می‌شد.

او راهش را پیدا کرد. پودر مرغ را برای فروش نزد اولین رستوران برد، اما صاحب آنجا قبول نکرد، دومین رستوران نه، سومین رستوران نه، او به ۱۲۴ رستوران مراجعه کرد و ششصد و بیست و چهارمین رستوران حاضر شد از پودر مرغ استفاده کند.

امروزه کارخانه‌ی پودر مرغ کنتاکی در ۱۲۴ کشور دنیا نمایندگی دارد و اگر در امریکا کسی بخواهد عکس سرهنگ ساندرس و پودر مرغ کنتاکی را جلوی در رستورانش بزند، باید ۵۰ هزار دلار به این شرکت پرداخت کند!

گفتار دهم

ترفندهای فروش
از بازار بزرگ استانبول برای خرده‌فروشان

جان گلبرگ (Jon Gelberg)، نویسنده‌ی متن حاضر، از اعضای یکی از شرکتهای معتبر در زمینه‌ی بازاریابی در نیویورک است؛ وی نکات جالبی را از مشاهدات شخصی خود از بازار قدیمی استانبول یادداشت و بیان کرده است. ترجمه‌ی این متن، در این گفتار آورده شده است:

بازارهای این منطقه از قدیم‌الایام محل دادوستد و رفت‌وآمد مردمان بسیاری بوده است.

یکی از بازارهای شاخص در این حوزه‌ی تمدن، بازار بزرگ استانبول با بیش از ۵۰۰۰ باب مغازه است. روزانه چیزی نزدیک به ۲۵۰ هزار تا ۴۰۰ هزار نفر به این بازار سر می‌زنند تا هم از معاشرت با مردم و هم زیباییهای بازار و از همه مهمتر خرید کردن لذت ببرند. خیلی هم عجیب نیست، چرا که این بازار محل عرضه‌ی انواع قالیچه، ظروف سرامیکی، طلا، نقره و... است و خلاصه از شیر مرغ تا جان آدمیزاد را در پستوهای خود دارد.

به دلیل تراکم واحدهای تجاری، رقابت در این بازار حرف اول را می‌زند. این بازار مدرسه‌ای بزرگ برای کسانی است که به دنبال یادگیری

تکنیک‌های فروش و ایجاد تمایز باشند. اما این روش‌ها چیست:

۱- کمی شوخ‌طبعی خرج خریدار کنید.

وظیفه‌ی شما فقط فروش کالا نیست، باید کمی هم خلاقیت به کار برد. از جمله عباراتی که در بازار استانبول به گوش من می‌رسید و مرا مجذوب خود و البته وادار به خرید می‌کرد، اینها بود:

- راه رفتن شما شبیه آدم‌هایی است که قصد خرید قالیچه دارند.
- دوست ندارید همه‌ی پولتان را در مغازه‌ی من خرج کنید؟
- نگاهی هم به ساعت‌های قلابیِ ۱۰۰ درصد اصل ما بیندازید.

۲- در چیدمان و نمایش کالا دقت کنید.

در مورد مغازه‌هایی که اجناسشان یکسان است، آنچه که مشتری را جذب فروشگاهی خاص می‌کند، شاید نوع چیدمان ویترین‌ها است. بهترین کالاهای خود را برجسته‌تر به نمایش بگذارید.

۳- درباره‌ی مشتری‌ها اطلاعات جمع کنید.

فروشندگان بازار بزرگ دارای یک سیستم سنتی و ساده‌ی مدیریت ارتباط با مشتریان (CRM) در ذهن خود هستند. شما مدام با سؤالاتی از قبیل "اهل کجایی؟" مواجه می‌شوید و خوب این سؤال ساده می‌تواند در قیمت‌گذاری تفاوت ایجاد کند. ضمناً مشتریان وفادار و قدیمی هم حسابی تخفیف می‌گیرند.

۴- یخ خود را آب کنید و زمینه‌ی مشترک با مشتری بیابید.

دیگر کسی نیست که منکر اهمیت بازاریابی رابطه‌مند باشد. همین سؤال اهل کجایی، می‌تواند موجب باز شدن باب آشنایی باشد، مثلاً یکی از

فروشندگان حسابی با من گرم گرفت و گفت فلان فامیل من هم در کشور شما زندگی می‌کند.

۵- تخصص و حرفه‌ی خود را به رخ بکشید.

خیلی از مغازه‌داران جلوی شما را می‌گیرند و می‌گویند لازم نیست چیزی بخرید، فقط کمی از وقتتان را به ما بدهید و آن وقت است که شما محو هنر آنها می‌شوید.

سفالگران به صورت زنده مراحل ساخت را نمایش می‌دهند و خوب دیگر نمی‌توانید بدون خرید آنها را ترک کنید.

۶- معجزه‌ای به نام عامل چسبندگی

اصطلاح چسبندگی، بیشتر در حوزه‌ی سایتهای اینترنتی رواج دارد: وبسایتهایی که با فریبندگی شما را جذب خود می‌کنند. در بازار بزرگ اما یک فنجان چای کار چندین کیلو چسب را می‌کند!

رد کردن دست تعارف چای از طرف یک فروشنده، به نظر بی‌ادبی است. همین یک فنجان چای به مغازه‌دار فرصت جلب نظر شما را می‌دهد. سمپلینگ به شیوه‌ی بازاریها!

گفتار یازدهم

فروش به سبک ریچارد برانسون

پشت هر نام‌ونشان تجاری موفقی، همواره داستانی مهیج وجود دارد. گفتار حاضر نیز روایتگر داستان یکی دیگر از نامهای تجاری شخصی مطرح در دنیای کسب‌وکار است.

چندی پیش انتشار خبری از شرکت ویرجین مبنی بر اهدای بلیت رایگان سفر به فضا برای اولین کسی که بیشترین مسافت را با خطوط هوایی این شرکت سفر کند، جنجال به پا کرد.

فضاپیمای توریستی، جزیره‌ی اختصاصی، خطوط هوایی، سرگرمی و تلویزیون و موسیقی، و حتی خدمات تلفن همراه و...، اینها تنها گوشه‌ای از کارنامه‌ی پربار و هیجان‌انگیز ریچارد برانسون است. ریچارد برانسون را با لقب عاقل دیوانه‌نما می‌شناسند.

سِر ریچارد برانسون، حتی تحصیلات متوسطه‌ی خود را نیز به طور کامل پشت سر نگذاشت. او در ۱۶ سالگی مدرسه را ترک کرد و مجله‌ی دانش‌آموز (Student) را راه‌اندازی کرد. در واقع این نشریه سکوی پرتاب برانسون بود و چهار سال بعد هم ویرجین را تأسیس کرد. نام تجاری

ویرجین در طول دهه‌ی ۸۰ میلادی و با تأسیس خطوط هوایی آتلانتیک ویرجین، رشدی رؤیایی و سرسام‌آور را تجربه کرد.

اما برانسون کسب‌وکار خود را از همان ۱۶سالگی و انجام تبلیغات برای ترانه‌های مشهور در مجله‌ی دانش‌آموز آغاز کرد، و سرانجام فروشگاه محصولات صوتی خود را در خیابان آکسفورد لندن افتتاح کرد. و پس از آنکه بخوبی توانست درآمد کسب کند، نام تجاری ویرجین رکوردز (virgin Records) را تأسیس و راه‌اندازی کرد. برانسون در سال ۱۹۸۴ پا به عرصه‌ی خطوط هوایی گذاشت و چندی نگذشت که هواپیماهای ویرجین در باند بسیاری از فرودگاههای جهان فرود آمدند.

اما جاه‌طلبیهای این مرد به همین جا ختم نشد و حتی اقدام به ایجاد برندهای موفق در زمینه‌ی نوشیدنی و نوشابه نیز کرد؛ از جمله نام تجاری ویرجین کولا.

شرکت هواپیمایی ویرجین در دهه‌ی ۹۰ به چنان اقتداری رسید که حتی تبدیل به رقیبی سرسخت برای شرکتهای معظم هوایی مثل بریتیش ایرویز شد. در همین زمان اختلافات این دو غول هوایی بالا گرفت، و ویرجین علیه بریتیش‌ایرویز به دلیل آنچه تلاش این شرکت در ایجاد تصویر منفی از ویرجین و هک کردن سیستمهای کامپیوتری ویرجین ایرویز و انتشار اطلاعات محرمانه خواند، اعلام شکایت کرد. سرانجام نیز این بریتیش‌ایرویز بود که غرامت پرداخت.

برانسون بلندپرواز، قانع به آسمان و جوّ زمین نشد، و این بار پروژه‌ی جنجالی گردشگری در فضا و ماورای جو را مطرح کرد. بودند افراد بسیار سرشناسی که حتی اقدام به پیش‌خرید این بلیتها کردند، و چندی قبل نیز یک بلیت رایگان به مقصد فضا، به‌عنوان جایزه‌ی خطوط هوایی ویرجین‌ایرز برای اولین فردی که بیشترین میزان مسافت طی شده با این خطوط هوایی را داشته باشد، در نظر گرفته شد. نام تجاری ویرجین فیوئلز (virgin Fuels)

از آخرین ابتکارات بود. این نام‌ونشان تجاری هدف خود را مبارزه با گرم شدن کره زمین و تولید سوختهای پاکتر و ارزانتر برای اتومبیلها و هواپیماها می‌داند.

شاید دیوانه‌وارترین کار ریچارد برانسون، تأسیس و راه‌اندازی نام تجاری ویرجین کامیکز (virgin comics) و ویرجین انیمیشن (virgin Animation) در سال ۲۰۰۶ بود، که شخصیتهای جدید و تأثیرگذاری را وارد دنیای کودکان و حتی بزرگسالان کرد. سال ۲۰۰۷ بود که ریچارد برانسون ویرجین هلث بانک (virgin Health Bank) را تأسیس کرد. والدین می‌توانستند خون بند ناف کودکان خود را با هدف درمانی در این بانک ذخیره کنند. ویرجین حتی چندین درمانگاه هم تأسیس کرد.

دنیای ورزش هم از نوآوریهای برانسون بی‌نصیب نماند، و او در برخی مسابقات اتومبیلرانی و حتی مسابقات بالون‌سواری هم سرمایه‌گذاری کرد و هر از چندی، خود نیز با هدف شکستن رکورد سوار بر این وسایل می‌شد تا نشان دهد مدیری عادی نیست. برانسون رکوردهای زیادی را در زمینه‌ی فعالیتهای ورزشی و نیز تجاری از خود به جای گذاشته است.

زندگینامه‌ی ریچارد برانسون پر است از حوادث و وقایع عجیب و غریب. وی حتی در برخی فیلمها، برنامه‌ها و مجموعه‌های تلویزیونی هم نقش‌آفرینی کرده است؛ از جمله به‌عنوان بازیگر میهمان در برخی اپیزودهای مجموعه‌ی تلویزیونی مشهور "دوستان" حضور داشته است. جالب آنکه در هنگام راه‌اندازی ویرجین موبایل در هند، در فیلمی بالیوودی به نام "رؤیاهای لندن" هم ایفای نقش کرد.

ریچارد برانسون در فعالیتهای بشردوستانه نیز نقش پررنگی دارد و به همین دلیل مفتخر به دریافت جایزه از بان‌کی‌مون، دبیرکل سازمان ملل شده است.

مبارزه علیه گرم شدن کره زمین، گرسنگی در کشورهای افریقایی،

آلودگیهای زیست‌محیطی، میزبانی از کارشناسان و رهبران دنیا در کنفرانس زیست محیطی در جزیره‌ی اختصاصی خود در دریای کارائیب به نام نِکِر (Necker)، تعیین جوایز مختلف برای راهکارهای ابتکاری در زمینه‌ی حفظ محیط زیست، همه و همه تنها گوشه‌ای از رزومه‌ی پربار این عاقل دیوانه‌نما است.

ماجرای پرفرازونشیب و الهام‌بخش ریچارد برانسون حاوی نکات آموزنده و جالب توجهی برای رهبران، مدیران، و نوآوران امروز و بویژه اهالی بازاریابی است.

مثلث فروش برانسون

ریچارد برانسون را می‌توان اسطوره‌ی کسب‌وکارهای خرد دانست؛ او تکنیکهایی دارد که می‌تواند به کسب‌وکارهای کوچک در افزایش بیلان فروش کمک شایان توجهی کند. فلسفه‌ی فروش برانسون در نوع خود شنیدنی است: "نخستین و مهمترین چیزی که یک کسب‌وکار موفق باید داشته باشد، دانش صریح نسبت به بازار و نیز درک نسبت به این مهم است که چگونه می‌خواهد با محصول یا خدمتی متفاوت، حرف متفاوتی در بازار بزند و به این وسیله گوی سبقت را برباید و زندگی مردم را بهبود بخشد. هرگاه مطمئن شدید که محصول یا خدمت شما پاسخگوی نیاز واقعی مصرف‌کنندگان است، آنگاه می‌توانید با آغوش باز پذیرای موفقیت باشید."

اما اضلاع مثلث طلایی ریچارد برانسون به چه ترتیب است؟ پاسخ به این سؤال را در زیر می‌خوانیم:

۱- اول مطمئن شوید که خواسته‌ی مشتری را به‌صورت تمام و کمال می‌دانید، سپس تمرکز خود را روی ارائه‌ی یک محصول یا خدمت با کیفیت و با استاندارد بسیار بالا بگذارید.

همواره گوشهای خود را در مقابل نجواهای مشتریان تیز کنید، تا به

هنگام لزوم بتوانید بسته به شرایط، تغییر موضع و راهبرد دهید.

۲- افرادی را به کار گمارید که به آنچه می‌فروشند باور داشته باشند و خود در لباس خریدار، راغب به خرید همان محصول باشند. این دانایی و اشتیاق بهتر از هر کمپین تبلیغاتی به شما در فروش کسب‌وکارتان یاری می‌رساند.

۳- ریسک‌ها و مخاطرات کسب‌وکار را با آغوش باز به جان بخرید. همیشه مشتی ایده در جیب‌های ذهن خود داشته باشید و کارکنانتان را نیز به هر طریق ممکن وادار کنید تا طرحی نو دراندازند. آنچه مهم است، این است که هر روز بهتر از دیروز باشید و مدام با وضعیت موجود خود در حال کلنجار باشید.

گفتار دوازدهم
اولویت‌بندی را
به مشتریان بسپارید

چیزهایی که بیشترین اهمیت را دارند، هرگز نباید فدای چیزهایی شوند که کمترین اهمیت را دارند.
گوته

اهمیت اولویت‌بندی بر هیچ‌کس پوشیده نیست. اولویت‌بندی یکی از مهمترین بخشهای برنامه‌ریزی شخصی و کاری است و انجام یا عدم انجام آن، تأثیر مستقیمی روی تحقق یا عدم تحقق برنامه‌ها و هدفها دارد. در فروش نیز مانند بسیاری از حوزه‌های دیگر، اولویت‌بندی از مباحث کلیدی به شمار می‌آید و رعایت آن می‌تواند تضمین‌کننده‌ی فروش بیشتر باشد. مشتریان هنگام خرید هر محصول یا خدمتی، اولویتهای خاصی در ذهن دارند که لازم است فروشنده‌ها به دقت این اولویتها را شناسایی کنند و بر اساس آنها محصول خود را به مشتری معرفی کنند.

اما بر خلاف آنچه بیشتر فروشنده‌ها و مدیران فروش تصور می‌کنند، اولویت‌بندی نیازهای مشتری وظیفه‌ی فروشنده نیست بلکه، این خود مشتری است که باید اولویتهای خود را برای خرید کالایی خاص مشخص

کند. به عبارتی، فروشندگان با اندکی مهارت و هوشمندی می‌توانند این وظیفه‌ی سخت را بر عهده‌ی خود مشتری بگذارند و با صرف انرژی کمتر، محصولی را به وی معرفی کنند که دقیقاً منطبق بر نیازهای او است. اجازه دهید این نکته را با ذکر نمونه‌ای روشن‌تر کنم:

فرض کنید من فروشنده‌ی کامپیوتر هستم و شما به‌عنوان مشتری برای خرید یک دستگاه کامپیوتر یا لپ‌تاپ به فروشگاه من می‌آیید. من ابتدا از شما می‌پرسم که کامپیوتر مورد نظر شما باید دارای چه ویژگیهایی باشد. شما که مشتری من هستید، به مواردی از قبیل برند، قیمت مناسب، حافظه‌ی بالای کامپیوتر، وزن کم، و سرعت پردازش اشاره می‌کنید. در اینجا من به جای اینکه تنها نظاره‌گر شما باشم، به سرعت موارد بیان شده از سوی شما را روی کاغذی یادداشت می‌کنم و حالا نوبت به سؤال کلیدی می‌رسد. من از شما می‌پرسم: جناب مشتری؛ امکان دارد این پنج موردی را که ذکر کردید برای من اولویت‌بندی کنید؟ و سپس کاغذ را به سمت مشتری می‌چرخانم و خودکارم را در اختیار او قرار می‌دهم تا اولویتهایش را به ترتیب اهمیت برای من مشخص کند. حالا فرض می‌کنیم که شما قیمت مناسب را به‌عنوان اولین اولویت خود انتخاب می‌کنید. دومین اولویت شما سرعت پردازش کامپیوتر است. حافظه، اولویت سوم، وزن کم، اولویت چهارم، و در نهایت برند اولویت آخر شما است.

با این کار در واقع خود مشتری بهترین روش فروختن به او را به شما نشان می‌دهد، چون وقتی من بدانم قیمت اولین اولویت مشتری من است، محصول خاصی را به او نشان می‌دهم. این در حالی است که اگر من ندانم اولویت اصلی مشتری کدام است، ممکن است برند معروفی را به او معرفی کنم که قیمت بالایی دارد و با این کار او را از خرید منصرف کنم.

پس همواره به خاطر داشته باشید که پس از یادداشت کردن ویژگیهای مورد نظر مشتری در مورد محصول، از خود او بخواهید که اولویتهایش را

برای شما مشخص کند. اولویت‌بندی نیازهای مشتری، وظیفه‌ی فروشنده نیست و فروشندگان موفق این وظیفه را هوشمندانه بر عهده‌ی خود مشتری می‌گذارند.

با این روش، خاتمه‌ی فروش برای شما بسیار آسان‌تر خواهد بود و لازم نیست از تکنیک‌های پیچیده‌ای برای خاتمه استفاده کنید. خود این روش در حقیقت نوعی خاتمه‌ی فروش است، با این تفاوت که مشتری خودش فروش را خاتمه می‌دهد و شما به‌عنوان فروشنده تنها خواسته‌ی او را اجرا می‌کنید.

گفتار سیزدهم

فروش پارادوکسی

چه پارادوکس شگفت‌انگیزی! هر زمان که اراده می‌کنم، با نادیده گرفتن خواسته‌هایم، به دیگران کمک کنم تا چیزهایی را که دوست دارند، به دست آورند؛ هم احساس شادمانی و خرسندی بیشتری می‌کنم و هم کامروا می‌شوم.
(اسپنسر جانسون)

"نقل می‌کنند که روزی پسری تگزاسی، به امید یافتن شغل از خانه به راه افتاده و به یکی از این فروشگاههای بزرگ کالیفرنیا رفت که در آن به قولی از جان مرغ تا شیر آدمیزاد می‌فروشند.

مدیر فروشگاه به او گفت که "یک روز فرصت داری تا به‌طور آزمایشی کار کنی و در پایان روز با توجه به نتیجه‌ی کار، در مورد استخدام تو تصمیم می‌گیریم. "

در پایان اولین روز کاری، مدیر به سراغ پسرک رفت و از او پرسید که چند مشتری داشته است؟ پسر پاسخ داد که یک مشتری!

مدیر با تعجب گفت: تنها یک مشتری؟! بی‌تجربه‌ترین متقاضیان در اینجا حدقل ۱۰ تا ۲۰ فروش در روز دارند. حالا مبلغ فروشت چقدر بوده است؟

پسر گفت: ۱۳۴,۹۹۹.۵۰ دلار.

مدیر با حیرت فریاد کشید: ۱۳۴,۹۹۹.۵۰ دلار...؟! مگر چه فروختی؟

پسر گفت: اول یک قلاب ماهیگیری کوچک فروختم، بعد یک قلاب ماهیگیری بزرگ، بعد یک چوب ماهیگیری به همراه یک چرخ ماهیگیری. بعد از مشتری پرسیدم که می‌خواهد برای ماهیگیری به کجا برود؟ و پاسخ مشتری این بود که قصد دارد برای ماهیگیری به خلیج پشتی برود.

من هم گفتم پس به قایق هم احتیاج دارید و یک قایق توربوی دوموتوره به او فروختم.

بعد پرسیدم ماشینتان چیست و آیا می‌تواند این قایق را یدک بکشد؟ که گفت هوندا سیویک؛ من هم یک بلیزر دبلیو دی۴ به او پیشنهاد دادم که او هم خرید.

مدیر با تعجب پرسید: او آمده بود که یک قلاب ماهیگیری بخرد و تو به او قایق و بلیزر فروختی؟

پسر به آرامی گفت: نه، او آمده بود یک بسته قرص سردرد بخرد که من گفتم بیا برای آخر هفته‌ات یک برنامه‌ی ماهیگیری ترتیب بدهیم؛ شاید سردردت بهتر شد!»

*****

فروش بی‌تردید یک هنر است، و پارادوکس از مصالح هنرمندی. مواردی که در پی می‌خوانید، اصول پارادوکس در فروش هستند. شناسایی و اقدام به‌منظور جامه‌ی عمل پوشانیدن به این ۶ اصل فروش، از عناصر اصلی موفقیت بلندمدت شما خواهد بود:

۱- برای فروش بیشتر، دست از فروش بردارید

زمانی که مردم احساس کنند که چیزی دارد به آنها فروخته می‌شود، واکنش منفی از خود بروز خواهند داد و بسرعت در لاک دفاعی خود فرومی‌روند. به‌جای تمرکز روی فروش، روی کمک به مشتری برای دستیابی به هدفهای شخصی، تجاری، و حرفه‌ای‌اش تمرکز کنید.

۲- برای سرعت بخشیدن به چرخه‌ی فروش، کمی آرامش به خرج دهید
هرچه برای خاتمه‌ی سریع‌تر یک فروش بیشتر اقدام کنید، با مقاومت بیشتری روبه‌رو خواهید شد.

فرایند فروش باید به‌صورت مرحله‌به‌مرحله پیش برود. زمانی که مشتریان بالقوه به این نتیجه برسند که قصد شما کمک به آنها در تصمیم‌گیری درست است نه تصمیم شتاب‌زده، فرایند فروش هم سریع‌تر پیش خواهد رفت.

۳- برای آسان‌تر کردن تصمیم‌گیری، گزینه‌های کمتری را ارائه کنید
زمانی که تصمیم افراد را پیچیده می‌کنید، احتمال فروش را کمتر خواهید کرد. برای آنکه به مشتری کمک کنید تا تصمیم خود را سریع‌تر اتخاذ کند، باید تعداد کمتری انتخاب را در معرض دید او قرار دهید و همیشه پیشنهادات خود را ساده نگه دارید.

۴- برای بستن قراردادهای بزرگ، از کم شروع کنید
از کم به زیاد برسید؛ این جمله به معنای آن است که نباید قابلیت‌هایتان را به یکباره برای مشتریان رو کنید.

برای کاهش ریسک و پرهیز از پیچیده شدن تصمیم‌گیری برای مشتری، باید به صورت پله‌به‌پله قابلیت‌ها و ظرفیت‌های خود را برای او ارائه کنید.

۵- برای سرعت بخشیدن به یادگیری، سریع شکست بخورید
اشتباه، جزئی جدایی‌ناپذیر از زندگی انسان‌ها است. در واقع هیچ شکستی وجود ندارد بلکه چیزی که ما به آن شکست می‌گوییم، فرصتی است برای آزمودن، یادگیری، و رشد.

گفتار چهاردهم
مدیریت خوشنامی؛
کلید موفقیت در آینده‌ی فروش

مشتری یک دارایی استراتژیک ارزشمند است و سودآوری واقعی از طریق مشتریانی حاصل می‌شود که وفادار هستند، نه از طریق مشتریانی که صرفاً راضی هستند.

منظور از وفاداری، تعهدی نیرومند درون مشتری است که او را به خرید دوباره‌ی یک محصول یا خدمت متمایز در آینده وامی‌دارد. وفاداری ماحصل احساس مشتری است، بدین ترتیب که مشتری زمانی وفادار می‌شود که از دل و جان احساس کند که سازمان ما در مقایسه با رقبا به بهترین نحو ممکن نیازهایش را پاسخ می‌دهد.

کسبه و بازاریان همواره به اهمیت مشتری واقف بوده‌اند و سعی همیشگی آنها این بوده که به نوعی پاسخگوی مطالبات مشتریان خود باشند. آنها مشتری را ولی‌نعمت خود می‌دانند و شعار آنها به قول مولانا این است که، "ای جان چو رو نمودی، جان و دلم ربودی / چون مشتری تو بودی، قیمت گرفت کالا / ابرت نبات بارد، جورت حیات آرد / درد تو خوش گوارد، تو درد را مپالا".

در واقع خرسندی و رضایت مشتریان فعلی ما تضمین‌گر آتیه‌ی سازمان ما است، بدین‌رو می‌بایست تمام کوشش خود را صرف جلب رضایت و وفادار ساختن مشتریان سودآورمان کنیم. مشتری همانگونه که گاندی، رهبر فقید هند می‌گوید، یک هدف زودگذر نیست بلکه، غایت تمام اقدامات است؛ او جزئی از تار و پود سازمان ما است و این ما هستیم که به مشتری وابسته‌ایم. مشتری حرف اول و آخر را می‌زند و تشنه‌ی صداقت در کسب‌و‌کار است، اهمیت مشتریان تا آنجا است که حتی اگر بر فرض دشمن ما هم برای خرید به ما مراجعه کند، می‌بایست از دل و جان و با تمام وجود در جهت رضایت او اقدام کنیم.

دنیای کنونی دیوانه‌وار تغییر می‌کند و در چنین شرایطی، اعتماد و وفاداری سنگ بنای مزیت رقابتی به شمار می‌روند. مدیریت خوشنامی، مدیریت اعتماد، و وفادارسازی می‌بایست سرلوحه‌ی تمام دستور کارها قرار گیرد. چنانچه هنوز سازوکارهای لازم را برای پیاده‌سازی و استقرار مدیریت خوشنامی در سازمان خود تدارک ندیده‌اید، ۱۰ دلیلی که در ذیل مشاهده می‌کنید، بیانگر ضرورت وجود این سازوکارها و برنامه‌های وفادارسازی مشتریان در سازمان است.

موارد زیر، حاصل تحقیقات و پژوهشهای دقیق علمی به‌وسیله‌ی مراکز تحقیقات بازار برجسته‌ی جهان و مؤسسات علمی بازاریابی است:

۱- ۵ درصد کاهش در میزان رویگردانی مشتریان، موجب افزایش سودآوری تا ۹۵ درصد می‌شود.

مؤسسه‌ی بین اند کمپانی (Bain&company)

۲- به دست آوردن یک مشتری جدید، ۶ تا ۷ برابر بیشتر از حفظ مشتریان موجود هزینه در بر دارد.

مؤسسه‌ی بین‌اندکمپانی

۳- هر سازمان به طور متوسط سالانه چیزی در حدود ۱۰ تا ۳۰ درصد از مشتریان خود را از دست می‌دهد.

مؤسسه‌ی مک‌کینزی (Mckinsey)

۴- در صورتی که مسأله مرتبط با خدمات باشد، احتمال آنکه مشتری از ما رویگردانی کند و به رقیب پناه ببرد به نسبت آنکه مشکل مربوط به قیمت یا کالا باشد، چهار برابر بیشتر خواهد بود.

بین‌اندکمپانی

۵- ۶۸ درصد از مشتریان سازمان را به دلیل دلخوری و نارضایتی از نوع برخورد واحد خدمات مشتری ترک می‌کنند.

اتاق بازرگانی امریکا

۶- میزان احتمال فروش به مشتریان جدید حدود ۶۰ تا ۷۰ درصد است. اما میزان احتمال فروش به مشتریان بالقوه عددی در حدود ۵ تا ۲۰ درصد است.

مؤسسه‌ی مارکتینگ متریکس (Marketing Metrics)

۷- ۹۶ درصد از مشتریان ناخشنود شکایت نمی‌کنند، و ۹۱ درصد از آنها بدون آنکه کلامی بگویند سازمان را ترک گفته و هرگز بازنمی‌گردند و این زنگ خطری برای سازمانها است.

مؤسسه‌ی آموزشی فرست فایننشیال ترینینگ سرویسز
(First Financial Training Services)

۸- ۲ درصد افزایش در حفظ مشتری، تأثیری برابر با کاهش ۱۰ درصدی

هزینه‌ها دارد.

رهبری روی لبه‌ی پرتگاه، به قلم امت مورفی و مارک مورفی

۹- یک مشتری ناراضی، تجربه‌ی ناخوشایند خود را به ۹ تا ۱۵ نفر دیگر انتقال می‌دهد. حدود ۱۳ درصد از مشتریان ناراضی، تجربه‌ی منفی خود را با بیش از ۲۰ نفر در میان می‌گذارند.

اداره‌ی امور مشتریان کاخ سفید

۱۰- ۵۵ درصد از مشتریان حاضرند در ازای تضمین خدمات بهتر، مبلغ بیشتری را بپردازند.

پژوهش دفاقتو (Defaqto Research)

با این تفاصیل، پرواضح است که نمی‌توان به هیچ‌وجه از برنامه‌های مشتری‌نوازی و مدیریت خوشنامی در سازمان غافل ماند.

گفتار پانزدهم
چگونه فروش خود را برند کنیم؟

اگر از علاقه‌مندان به تماشای فیلمهای وسترن باشید و نمایش گاوچرانهای غرب وحشی را از طریق سینما و یا فیلمهای تلویزیونی دیده باشید، حتماً در بسیاری از این فیلمها گله‌دارها و گاوچرانهایی را دیده‌اید که به‌منظور شناسنامه‌دار کردن احشام خود، آنها را برندگذاری (داغ گذاشتن) می‌کردند. هر دامداری دارای یک برند منحصربه‌فرد بود تا بتوان از این طریق حیوانات متعلق به هر مزرعه را شناسایی کرد، در غیر این صورت امکان نداشت که بتوان حیوان خود را از میان هزاران چهارپای دیگر تشخیص داد. البته این مورد در روستاهای ایران نیز زیاد مشاهده شده است.

اصطلاح برند از زمانی که گله‌داران اسکاندیناویایی‌تبار برای شناسنامه‌دار کردن احشام خود روی بدن آنها داغ (نشان) می‌گذاشتند، تا به امروز به واژه‌ای فراگیر تبدیل شده است.

یک برند می‌تواند برگ برنده‌ی کسب‌وکارها در فضای سرشار از همهمه‌ی کنونی باشد. برند تابلویی از هویت و چیستی آنچه ما انجام می‌دهیم و ابزاری برای برقراری ارتباط با مخاطبانمان است.

آنچه امروزه در میان بسیاری از نیروهای فروش مشهود است، این موضوع است که آنها وجه تمایز چندانی با یکدیگر ندارند و نمی‌توان تفاوتی میانشان قائل شد. آنها محصولاتی مشابه را به روش مشابه به مشتریانی مشابه می‌فروشند.

تعداد انگشت‌شماری از فروشندگان برند شخصی خود را دارند. در واقع مقصود از برند در این گفتار، ایجاد یک برند شخصی برای کارکنان فروش است. اهمیت برند در شکل‌گیری ارتباطات و روندهای مرتبط با کسب‌وکار انکارناپذیر است. برند تنها در انحصار محصولات و سازمانها قرار ندارد و اشخاص، بویژه طیف فروشندگان می‌توانند به مدد روشهایی، برند شخصی خود را بسازند.

یک برند شخصی، آمیزه‌ای متمایز از عوامل درونی افراد مانند نگرشها، هدفها و نظام ارزشی آنها و نیز نمودهای بیرونی آنها مثل شکل ظاهری چهره، زبان بدن، شبکه‌ی ارتباطات، و... است.

تعریف برند شخصی می‌تواند به بهره‌وری بیشتر بینجامد. قبل از تعریف یک برند فروش، ابتدا به خودشناسی برسید و بدانید که می‌خواهید چگونه و تحت لوای چه صفاتی شناخته شوید. بدین‌رو می‌بایست در ابتدا به این سؤال پاسخ دهید: "من که هستم؟". جواب این سؤال در مواردی مثل شایستگیها، تحصیلات، تجارب شخصی، علایق و مواردی مثل پیشنهادات منحصربه‌فرد فروش (USPs) نهفته است. در مرحله‌ی بعدی باید با توجه به روابط شخصی و حرفه‌ای‌تان، درک و شناخت دیگران نسبت به خود را ارزیابی کنید. شهرت و خوشنامی در فضای آنلاین نیز شاخصی قابل توجه در بخش ادراک سایرین نسبت به خویشتن است. حالا هدفها و بازار خود را تعیین کنید و روایتی درخور در مورد برند خود طراحی کنید. مردم از شنیدن ماجرای تجارب و زندگینامه‌ی شخصی و حرفه‌ای دیگران لذت می‌برند.

در مرحله‌ی بعد، سازوکار آنلاین خود، مثل وبلاگ شخصی‌تان را با محتوای مناسب سروسامان دهید و سپس به ایجاد شبکه‌ی روابط خود اقدام کنید. برای ارزیابی برند خود گوشهایتان را تیز کنید و محیط را به‌دقت رصد کنید. شنیدن انتقادات می‌تواند منافع بسیاری را در این مرحله عایدتان کند.

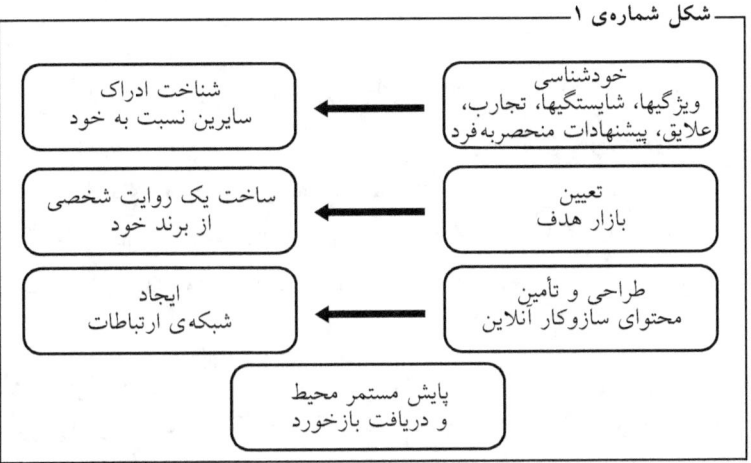

شکل شماره‌ی ۱

در ادامه به مرور نکاتی چند در خصوص ساخت یک برند فروش می‌پردازیم:

۱- ثابت قدم و با پشتکار باشیم

برخی از فروشندگان عادت دارند که به‌صورت مداوم ایده‌های گوناگون را مورد آزمون و خطا قرار دهند. تغییر مداوم پیام، آثاری مخرب در برند فروش بر جای می‌گذارد.

یک پیام مناسب و اثرگذار برای برند خود انتخاب کنید و به‌صورت مستمر روی همان پیام مانور بدهید و آن را در محافل مختلف تکرار کنید. از شکست نهراسید و آن را دروازه‌ی پیروزی قلمداد کنید.

۲- گوش به‌زنگ باشیم

یک برند فروش باید مجهز به یک رادار قدرتمند برای رصد محیط و کشف فرصتها و تهدیدات پیرامون باشد. برخورداری از شم فرصت‌یابی، از جمله ملزومات تبدیل شدن به یک برند پرقدرت فروش است. ضمن آنکه ارزیابی از برند، بدون توجه به بازخوردهای محیطی امری نشدنی است.

۳- متمایز باشیم

برخی از اهالی بازاریابی بر این نکته تأکید دارند که فروشندگان نباید شبیه فروشندگان باشند. منظور آن است که باید فردی متفاوت در حرفه‌ی خود باشیم و حرفی متفاوت برای گفتن داشته باشیم. مشتریان باید به ما به چشم همکار و مشاور امین و صدیق خود نگاه کنند، نه یک فروشنده. این مسأله سبب متمایز شدن ما نزد آنها می‌شود.

۴- مرجع باشیم

زمانی را در نظر بگیرید که مصرف‌کنندگان در اندیشه‌ی خریداری محصول یا خدمتی مشابه آنچه شما عرضه می‌کنید باشند؛ حال به نظرتان آیا شما، اولین شخصی هستید که به ذهنشان خطور می‌کند؟ آیا می‌توانند به‌عنوان یک مرجع قابل اعتماد به شما مراجعه و رویتان حساب باز کنند؟

۵- بازارگردی کنیم

نمی‌توان با نشستن پشت میز دفتر کارمان، برندی شایسته برای خود ساخت بلکه، می‌بایست با حضور مداوم در جوامع مختلف، با مشتریان بالقوه و بالفعل خود تبادل نظر کنیم.

می‌توانید در رویدادهایی نظیر نمایشگاههای تجاری و یا سمینارها حضور یابید و یا خود امکان برگزاری چنین رویدادهایی را فراهم کنید.

همواره به طرق مختلف ارتباطات خود را با مشتریان خوبتان حفظ کنید و ارتقا دهید.

۶- ارزش‌افزایی کنیم

ما صرفاً فروشنده‌ی کالا و خدمات نیستیم بلکه، وظیفه‌ی ما کمک به مشتری در رشد درآمدها و بهره‌وری کار او است. به عبارتی فروشندگان یک وظیفه‌ی اصلی دارند و آن تولید ارزش برای مشتری است. کسب‌وکارها و افراد قادرند تا از طریق تولید ارزش، برای خود حاشیه‌ی رقابتی ایجاد کنند.

استیوی واندر در جمله‌ای می‌گوید: تفاوت انسانها در داشتن یا نداشتن استعداد نیست بلکه، تفاوت در چگونگی استفاده از آن استعدادها نهفته است".

بنابراین تبدیل شدن به یک برند متفاوت، مستلزم آموختن چگونگی بهره‌برداری از استعدادهای درونی و فرصتهای بیرونی است.

گفتار شانزدهم
اصول فروش
مبتنی بر روانشناسی مشتریان

مغز پیچیده‌ترین و جالب‌ترین پدیده‌ی هستی است. شناخت پیچیدگیهای ذهنی و درک ویژگیهای روحی و هیجانی مصرف‌کنندگان می‌تواند نتایج قابل ملاحظه‌ای را برای اهالی کسب‌وکار به ارمغان آورد. نکاتی که در پی می‌خوانیم، نیم‌نگاهی به ویژگیهای روانشناسانه‌ی مشتریان دارد. این اصول به شناخت و درک بیشتر رفتار مصرف‌کنندگان می‌انجامد:

۱- مردم احساسی تصمیم می‌گیرند

خرید بیش از آنکه فرایندی منطقی و عقلایی باشد، مبتنی بر احساسات، هیجانات، و نیازهای ذهنی خریدار است. به همین دلیل است که مزایای ناملموس، کلید اقناع مشتری هستند. به احساسات هر چند غیرمعقول مشتریان احترام بگذارید و درصدد شناخت و ارضای این هیجانات برآیید.

۲- مردم تصمیمات خود را با مستندات می‌سنجند

در این مرحله منطق وارد عمل می‌شود. فردی را فرض کنید که با دیدن

تصاویر یک اتومبیل اسپرت روی بیلبوردهای اتوبان، شیفته‌ی این اتومبیل می‌شود. اما در این شرایط هیچ انسانی تنها مبتنی بر احساسات مثبت خود، بی‌درنگ دست به چنین خرید بزرگی نمی‌زند بلکه، مشتری حالا به دنبال اطلاعات بیشتری از این محصول خواهد بود.

در این مرحله، بازاریابان باید مستندات و شواهد خود را به مشتری ارائه دهند تا او این بار بتواند تصمیم خرید خود را از فیلتر عقلایی مغز خود عبور دهد. در این مثال، مستندات می‌تواند جزئیاتی مانند قدرت موتور، مشخصات ایمنی، و... باشد.

۳- مردم تا حدودی خودبین هستند

مصرف‌کنندگان، دنیا را از دریچه‌ی دید خود می‌بینند و همه‌ی پدیده‌ها را با محک میزان ارتباط با خود می‌سنجند. بدین‌رو، همواره این سؤال در پستوهای ذهن مشتری وجود دارد، حتی اگر آن را به زبان نیاورند: "حالا نفع این محصول برای من چیست؟" شاید تعبیر دیگر این سؤال به این صورت باشد "محصول شما چگونه می‌خواهد احساس بالندگی شخصی را به من هدیه دهد؟" فروشندگان خوب همواره پاسخ این پرسش را در آستین دارند.

۴- مردم به دنبال ارزش هستند

بازاریابی را گاه به عنوان فرایند خلق ارزش تعریف می‌کنند. همزمان با شدت یافتن رقابت، حق انتخاب و قدرت چانه‌زنی مشتری نیز افزایش یافته است. ارزش، ملاک انتخاب مشتری است. مقصود از ارزش، مقایسه‌ای است که مشتری بین هزینه‌های پرداختی در مقابل مزایای دریافتی انجام می‌دهد.

بدین‌رو، فروشنده‌ای در این میدان موفق خواهد بود که بتواند با حداقل

دریافتی، بیشترین ارزش را برای مشتری خلق کند. از این رو فلسفه‌ی بازاریابی چیزی جز ارزش‌آفرینی و خشنودسازی مشتری نیست.

۵- مصرف‌کنندگان موجوداتی اجتماعی هستند

مغز آدمی یک کامپیوتر و یا ماشین‌حساب نیست؛ طبق یافته‌های دانشمندان علوم مغز و اعصاب، نخستین و مهم‌ترین کارکرد مغز، تعاملات اجتماعی است. مصرف‌کنندگان بیشترین تأثیر را از شبکه‌ی ارتباطی خود می‌پذیرند و نه تبلیغات ما. بدین‌رو، مشتریان جدید را می‌توان تنها به‌وسیله‌ی مشتریان خشنود قدیمی جذب کرد.

توصیه‌نامه‌ها، و چیزهایی مثل عکسهای مشتریان قدیمی و وفادار، یکی از بهترین ابزارها برای افزایش فروش به شمار می‌رود.

۶- نمی‌توان مردم را مجبور به کاری کرد

وقتی مشتری خرید می‌کند، دلیل آن قدرت جادویی شما نیست. فروشنده می‌تواند مشتری را برانگیزد و برای خرید تحریک کند، اما در نهایت این خود مصرف‌کننده است که تصمیم می‌گیرد. بنابراین وظیفه‌ی یک فروشنده‌ی حرفه‌ای آن است که به مشتری نشان دهد که پیشنهاد او چگونه می‌تواند نیاز مشتری را برطرف کند.

۷- مردم عاشق خرید کردن هستند

خرید کردن موجب تحریک بخش لذت مغز می‌شود. گاه گفته می‌شود که کسی دوست ندارد که چیزی به او فروخته شود، حال آنکه تحقیقات دانشمندان نشانگر عکس این مطلب است. انسانها همواره از تجربه‌های تازه و اینکه محصولی کارآمد به آنها فروخته شود، به وجد می‌آیند. چیزی که انسانها به آن علاقه ندارند این است که سرشان کلاه بگذاریم. بنابراین

به جای آنکه سعی کنید محصولی را به مشتری بفروشید، به او امید بفروشید و او را کمک کنید.

محصولات خوب بفروشید، پیشنهادات خوب بدهید، و با مردم خوب برخورد کنید. این فرمول موفقیت در فروش است.

۸- مردم ذاتاً شکاک هستند

مصرف‌کنندگان ذاتاً نسبت به هرگونه پیشنهادی به دیده‌ی تردید می‌نگرند، چرا که مغز بشر از مخاطرات فراری است. چاره آن است که پشت هر حرفتان شاهدی بر مدعای خود داشته باشید. شواهد شما می‌تواند توصیه‌نامه‌های مشتریان سابق و یا چیزهایی مثل نتایج یافته‌های تحقیقات بازار باشد.

۹- مردم همواره به دنبال یافتن هویت هستند

عشق، ثروت، وجهه، آسایش، آینده، امنیت، و... اینها گوشه‌ای از مواردی هستند که مشتری در قبال پرداخت پول، انتظار دریافت آن را دارد. انسانها میل سیری‌ناپذیری به ارضای این نیازهای ناملموس دارند. بنابراین در ساخت پیامهای بازاریابی‌تان، به توان خود در رفع این نیازها و ارزش‌آفرینی برای مشتری تأکید کنید.

۱۰- مردم مستقیم از شما خرید می‌کنند چون در دسترس‌شان هستید

اگر مصرف‌کنندگان بتوانند براحتی محصولات و خدمات شما را در فروشگاه‌های نزدیک خود بیابند، قطعاً تمایل بیشتری به خرید خواهند داشت. از این رو پیشنهاد می‌شود که سیستم توزیع مویرگی و سرعت خود را بهبود دهید و محصول مناسب را در زمان مناسب و مکان مناسب در معرض دید مشتری قرار دهید.

۱۱- مردم دوست دارند قبل از خرید چیزی آن را ببینند، بشنوند، لمس کنند، بچشند، و بو کنند

یکی از چالشهای اساسی فروش آنلاین همین موضوع است. البته برخی اقلام مثل کتاب به دلیل تجربه‌ی قبلی مشتریان، کمتر با چنین چالشی مواجهند. اما فروش آنلاین مواردی مثل لباس یا مواد غذایی، کمی دشوارتر است. امروزه برخی شرکتها بسترهایی را فراهم کرده‌اند که می‌توانید به‌صورت آنلاین سفارش، و محصول خود را به مدت چند روز به‌صورت آزمایشی در اختیار داشته باشید و در صورت عدم تأیید می‌توانید براحتی آن را برگردانید.

راهکار دیگر اعتمادسازی در فضای آنلاین، نمادهای اعتماد الکترونیکی هستند که به‌وسیله‌ی سازمانهای ذیربط دولتی صادر می‌شوند.

کمپینهای بازاریابی حسی که قادرند حواس ۵گانه‌ی مشتری را تحریک کنند، از جمله ابتکارات تازه برای تبلیغات و فروش انواع محصولات هستند.

۱۲- مردم همرنگ جماعت هستند

اغلب ما گوش به راهنماییها و توصیه‌های دیگران داریم، بویژه زمانی که از انتخاب خود مطمئن نباشیم. ما از آنها نظرخواهی می‌کنیم تا به گزینه‌ی مناسبتر دست یابیم.

به همین دلیل است که روزمه‌ی شرکتها و توصیه‌نامه‌های مشتریان قبلی تا این حد اثرگذار هستند.

گفتار هفدهم
اسرار فروش به توان بی‌نهایت؛
تاکتیکهای ذهنی در فروش

این گفتار، اشاره‌ای جالب به یافته‌های دانشمندان علوم مغز و اعصاب و فعالان نورومارکتینگ دارد و با بیان مثالهایی چند در خصوص سازوکار فرایندهای ذهنی مغز انسان، به بررسی تکنیکهای فروش می‌پردازد. تمرکز بر موضوعاتی مثل توجه و هوشیاری، از جمله موارد مورد تأکید است.

در اینجا به بررسی تکنیکهای بهره‌برداری درست از فرایندهای ذهنی مصرف‌کنندگان می‌پردازیم؛ روشهایی که می‌توانند با هدف تعامل بهتر با مشتری و نیز جلب توجه آنها مورد استفاده‌ی بازاریابان نیز قرار گیرند.

مردم تنها روی یک چیز تمرکز می‌کنند
همگی ما خود را به‌عنوان موجوداتی که همزمان می‌توانند از پس چند وظیفه برآیند فرض می‌کنیم. اما تجربه‌ی تردستان نشان از آن دارد که ما در یک لحظه تنها می‌توانیم واقعاً توجه خود را روی یک چیز جلب کنیم نه بیشتر. مبنای بسیاری از تردستیها آن است که او چیزی را با یک دست خود به شما نشان می‌دهد، در حالی که با دست دیگرش مشغول انجام

کارهایی است که شما متوجه آن نمی‌شوید.

عصب‌شناسان نیز به این امر واقف هستند. اصطلاح "تونل بصری" بویژه در همین مورد است و به تمایل افراد به تمرکز روی یک نقطه یا ناحیه‌ی کوچک در لحظه اشاره دارد.

پس زمانی که به این نیاز دارید تا مشتری تمرکز خود را روی پیام شما جلب کند، اجازه ندهید و یا کاری نکنید که مشتری ناگزیر به انجام چند کار به‌طور همزمان می‌شود.

اگر حواس مشتری تحت تأثیر عامل بیرونی و یا بدتر از آن به واسطه‌ی اعمال فروشنده (و یا چیزی که در تبلیغات نشان داده می‌شود) پرت شود، در واقع موضوع اصلی کمرنگ خواهد شد و شما به هدف خود نخواهید رسید.

حرکت و جنبش، موجب جلب توجه ما می‌شود

تا به حال به این فکر کرده‌اید که چرا کبوتران آنقدر در کسب‌وکار تردستان مورد استفاده قرار می‌گیرند؟

البته این موجودات روحیه‌ای آرام دارند و بخوبی فضای تنگ و تاریک کلاه شعبده‌بازان را تحمل می‌کنند، اما دلیل دیگر این کار آن است که حرکات ناگهانی و پرواز انفجارگونه‌ی آنها و پر و بال زدنشان بهتر از هر چیزی توجه بینندگان را به خود جلب می‌کند. آنها زمینه را برای انجام مرحله‌ی بعدی حقه‌ی تردست آماده می‌کنند، چرا که تمام حواس بیننده را به خود جذب می‌کنند.

مغز ما نیز به گونه‌ای طراحی شده است که به حرکت واکنش نشان دهد؛ برای مثال در زمانهای ماقبل تاریخ، حرکت و جنبیدن به منزله‌ی تهدید و یا شاید وجود شکار و غذا به شمار می‌رفت.

چه به صورت رودررو فروش می‌کنید و چه مشغول طراحی یک آگهی

هستید، از عامل حرکت برای جلب توجه مخاطب بویژه روی نقاط مدنظرتان بهره ببرید.

"نتایج بسیار جالب یک پژوهش در حوزه‌ی نورومارکتینگ نشان داده است که تبلیغات متحرک روی اتوبوسهای شهری، از تأثیر بالاتری به نسبت بیلبوردهای ثابت برخوردارند."

چیزهای ناگهانی، تضادبرانگیز و غیرمنتظره، ما را جذب می‌کند
شاید شما نیز بارها سعی کرده‌اید تا با دقت نظر در حرکات تردست، سر از حیله‌ی او درآورید، اما بعید است که موفق به انجام چنین کاری شوید؛ نه فقط به خاطر تکنیکهای شعبده‌بازان در پرت کردن حواس که در موارد بالا به آن پرداخته شد بلکه، به این خاطر که شعبده‌باز برخی حرکات خود را زیر حرکات قابل پیش‌بینی خود مخفی می‌کند. مثلاً دیدن اینکه تردست سکه‌ای را داخل دهان خود می‌گذارد و بعد آن را از پشت گوش خود بیرون می‌آورد، حرکتی است تکراری و برای مغز قابل پیش‌بینی. اما همین حرکات می‌توانند بخوبی پوششی برای کارهای پشت پرده‌ی بزرگتر باشند.

مغز ما همانقدر که روی حرکت تمرکز می‌کند، بر نوآوری نیز تمرکز دارد و نوآوری بخوبی توجه آن را به خود جلب می‌کند. انجام حرکتی پیش‌بینی‌نشده، صدایی تازه یا تصویری ناآشنا که المانهایی از تضاد را نیز در خود داشته باشد، مغز مخاطب را وادار به تجزیه‌وتحلیل مشاهدات می‌کند. حتی برخی واژگان مثل "جدید" نیز همین واکنش را در مغز مصرف‌کننده موجب می‌شود. پس می‌بینیم که درج مهر "جدید" روی بسته‌بندی محصولات، چندان هم بی‌تأثیر نیست.

نورونهای آیینه‌ای ما را به خود مشغول می‌کنند
زمانی که انسان دیگری را در حال انجام کاری یا احساس چیزی مشاهده

می کنیم، ما نیز این احساسات را درون مغز خود تجربه می کنیم. این خاصیت نورونهای آیینه‌ای است. برای مثال، یکی از دلایلی که وقتی تردست بینی خود را می‌خاراند و همزمان یک سکه را از پشت گوش خود درمی‌آورد، ما متوجه کار او نمی‌شویم، این است که می‌دانیم وقتی بینی خود را بخارانیم چه حسی به ما دست خواهد داد. وقتی تردست مشغول این کار است، نورونهای آیینه‌ای ما به‌گونه‌ای فعال می‌شوند که گویی ما همین کار را خود انجام می‌دهیم. تردستان از این پدیده در جهت اجرای حقه‌های خود بهره می‌برند و مغز ما فریب می‌خورد چرا که انتظار کار دیگری جز مثلاً خاراندن بینی را ندارد.

تکنیکهای بازاریابی حسی و سمپلینگ بخوبی مغز مصرف‌کنندگان و نورونهای آیینه‌ای آنها را فعال و درگیر می‌کند. امروزه خریداران و مصرف‌کنندگان بیشتر و بیشتری در برابر برخی انواع خاص از تبلیغات و بازاریابی سنتی مقاومت (و حتی حساسیت) نشان می‌دهند. مردم از قبول اطلاعیه‌های کاغذی با چاپهای عالی هم به طور اتوماتیک امتناع می‌کنند - زیرا هیچ ارتباطی را در مورد ارزش واقعی محصول با مشتری و مصرف‌کننده برقرار نمی‌کند.

بازاریابی حسی یک رویکرد بازاریابی به تصمیم‌گیری خرید است و آن را مبتنی بر این واقعیت می‌داند که امروزه مردم بیشتر بر یک ارزیابی صادقانه از کالاها و خدمات که به‌وسیله‌ی همتایان آنها صورت گرفته باشد، اعتماد می‌کنند.

کم گوی و گزیده‌گوی چون دُر

شاید قبلاً شاهد اجرای نمایش تردستان بوده باشید. اگر از نزدیک شاهد نمایش یک تردست بوده باشید، می‌دانید که تردستان زبردست اغلب در طول انجام کار خود و یا پیش از آن با حضار صحبت می‌کنند. البته هدف

آنها ارائه‌ی اطلاعات واقعی به مخاطب نیست بلکه، این کار نیز تکنیکی در جهت منحرف کردن ذهن شما است. در واقع این حجم از اطلاعات دریافتی از تردست، مغز شما را حسابی مشغول می‌کند و شما را از فهم اینکه داستان اصلی از چه قراری است بازمی‌دارد.

نکته‌ی این موضوع در آن است که نباید با زیاده‌گویی به هنگام دادوستد و تبلیغات، مشتریان را از هدفهای فروش خود دور کنیم. مغز مشتری را با پرگویی اشغال نکنید، در عوض از ابزارهای بصری مناسب استفاده کنید. یک تصویر خوب شاید از هزاران کلمه مؤثرتر باشد.

گفتار هجدهم

چگونه مشتری جذب کن باشیم؟

هیچ‌یک از هوشمندان کسب‌وکار و بازار، به عمد مشتریان خود را نادیده نمی‌گیرند. در واقع اغلب مدیران اینگونه تصور می‌کنند که در مقابل مشتری سراپاگوش هستند. اما مشکل از آنجا سرچشمه خواهد گرفت که یک مشتری احساس نادیده گرفته شدن کند. طردشدگی، عارضه‌ای مخرب در بحث فروش است. حال متخصصان نورومارکتینگ با بررسی دقیق خود به ابعاد جالب توجهی از این عارضه دست یافته‌اند. عارضه‌ای که در صورت عدم تشخیص و درمان بموقع، سراسر سازمان را دچار خواهد کرد.

درد نادیده گرفته شدن

نائومی ایزنبرگر (Naomi Eisenburger) با انجام یک پروژه‌ی تحقیقاتی عصب‌شناسی کوشیده تا دریابد که وقتی فرد احساس طردشدگی داشته باشد، چه فعل و انفعلاتی در مغز او رخ می‌دهد. در این پژوهش، سوژه‌ها در یک بازی کامپیوتری شرکت داده شدند.

تصور شرکت‌کنندگان این بود که آنها یک بازی جمعی انجام می‌دهند

و حریف یکدیگرند. با آنکه طرف دیگر بازی هوش مصنوعی (خود کامپیوتر) بود و در واقع بازیکنان حریف کامپیوتر بودند، پس از مدتی سوژه‌ها از بازی کنار گذاشته می‌شدند، حال آنکه حریف مقابل (که در واقع کامپیوتر بود) همچنان مشغول بازی کردن بود.

حتی با وجود آنکه به سوژه‌ها گفته می‌شد که حریفشان واقعی نیست، اما آنها همچنان احساس طردشدگی، و مورد قضاوت قرار گرفته شدن داشتند و از این بابت عصبی بودند.

جالب‌توجه‌ترین یافته‌ی این پژوهش آن بود که طبق اطلاعات به دست آمده از دستگاههای عصب‌شناسی، در چنین مواقعی (بروز احساس طردشدگی) همان قسمت از مغز فعال می‌شود که مرتبط با دردهای فیزیکی است.

انسانها موجوداتی هیجانی هستند که تحت تأثیر احساسات و حتی تکانشهای غیرمنطقی قرار دارند. همانگونه که می‌دانیم، حتی تصمیمات مرتبط با خرید نیز بر اساس احساسات و هیجانات ناخودآگاه صورت می‌پذیرند و تعقل منطقی تنها در انتهای فرایند و به‌منظور قضاوت در مورد تصمیمی که گرفته شده کارآیی دارد.

فروشگاههای خرده‌فروشی از اولین نقاطی هستند که موجب شعله‌ور شدن احساس طردشدگی در مصرف‌کنندگان می‌شوند. البته خریداران تمایل ندارند که فروشندگان مدام در دست و پای آنها باشند و مزاحم کارشان شوند بلکه، انتظار آنها این است که در وقت نیاز، فروشندگان حاضر و آماده‌ی پاسخگویی و احیاناً کمک باشند.

در این راستا محققان با بررسی پیرامون یک فروشگاه بزرگ درصدد یافتن پاسخ این پرسش بودند که چرا میزان فروش این فروشگاه کمتر از انتظارات است. یکی از دلایل عمده‌ای که مشتریان این فروشگاه بیان می‌کردند این بود که کارکنان فروش دائماً در حال گفتگو با یکدیگرند و

مشتری ناگزیر است که هنگام درخواست کمک، بحث میان فروشندگان را قطع کند تا توجه آنها را به خود جلب کند. و متأسفانه این قبیل فروشندگان به محض ارائه‌ی یک پاسخ دست و پا شکسته و یا کمک به مشتری، در یک چشم‌به‌هم‌زدنی دوباره به گفتگوی خود بازمی‌گردند.

چنین رویدادهایی از جمله مسائل و مشکلات رایج در خرده‌فروشی‌ها است که به اعتقاد عصب‌شناسان تأثیری ناخوشایند به اندازه‌ی آسیب‌های جسمانی و بلکه بیشتر در مغز مصرف‌کنندگان به‌وجود می‌آورد. احساس طردشدگی، سمّ مهلک کسب‌وکارهای کنونی است و آنها را از گردونه‌ی رقابت خارج می‌کند.

این تنها یک نمونه از موارد متعدد طردشدگی در محیط کسب‌وکار است. در سال ۲۰۱۲، مؤسسه‌ی تحقیقاتی فارستر (Forrester) دریافت که تنها ۳۷ درصد از شرکت‌ها، خدمات خود را در سطح خوب یا عالی عرضه می‌کنند. و طبق گمانه‌زنی‌ها تنها فروشندگان امریکایی سالانه مبلغی بالغ بر ۸۳ میلیارد دلار را از دست می‌دهند، چرا که مشتری به دلیل احساس طردشدگی عطای خرید را به لقایش می‌بخشد.

البته فرصتی بسیار سازنده در این موضوع نهفته است، چرا که می‌توان با از میان برداشتن این شکاف، برگ برنده‌ای بزرگ در دست داشت و به مزیت رقابتی دست یافت.

۱۰ گام تا جذب مشتریانی که شما را دوست دارند

مثالی معروف وجود دارد با این مضمون که "مردم پس از چند روزی فراموش می‌کنند که چه چیزهایی از شما شنیده‌اند، اما آنها همواره احساساتی را که برای آنها بر جای گذاشته‌اید به خاطر خواهند داشت." حال چگونه می‌توان مشتریان را تکریم کرد و ارزش آنها را اثبات کرد؟

نتایجی را که در پی می‌خوانیم، حاصل مطالعه روی شرکت‌هایی است

که ظرف چند سال گذشته حتی در شرایط دشوار اقتصادی نیز سالانه سودی بالغ بر ۱۵ درصد را تجربه کرده‌اند. آنها بدون استثنا همگی در یک مورد اشتراک دارند و آن توانایی‌شان در ایجاد احساس منحصربه‌فرد، خاص، و خوشایند در ذهن مشتری است.

الگوی زیر یک میدان مغناطیسی قدرتمند میان شما و مصرف‌کنندگان به وجود می‌آورد؛ تنها کافی است که اندکی در چارچوب‌های ذهنی خود تغییر ایجاد کنید:

۱- گاهی خود را به جای مشتری قرار دهید و از زاویه‌ی دید او به تجربه‌ی فروشی که ارائه می‌شود نگاه کنید.

الف) از خود سؤال کنید "آیا به من به بها داده می‌شود و فروشندگان به اندازه‌ی کافی قدر من را می‌دانند؟" و یا "شاید رفتار آنها موجب ایجاد احساس نادیده‌گرفته شدن در من می‌شود؟"

ب) این شرکت چه کارهایی می‌توانست انجام دهد تا شما به‌عنوان مشتری احساسی خوشایند و ارزشمند داشته باشید.

۲- می‌توانید با کارهایی مثل خرید پنهان یا آزمایشی، از جریان امور در فروشگاه یا کسب‌وکار خود آگاه شوید.

۳- حال می‌بایست افراد کلیدی در سازمان خود را نیز در این دیدگاه سهیم کنید و انتظارات خود را به آنها گوشزد کنید.

۴- از افراد کلیدی در سازمان خود بخواهید تا آنها نیز مثل شما خود را به جای مشتری فرض کنند و از دریچه‌ی دید مشتریان به شرایط نگاه کنند.

۵- یافته‌های شخصی خود را با اطلاعات دیگر مثل اطلاعات حاصل از مشتریان، نظرسنجی‌ها، پیمایش‌ها، و ... مطابقت دهید.

۶- حالا با همکاری تیم خود، فهرستی از تعاملات گوناگون که با مشتری دارید تهیه کنید. مثل حضور فیزیکی در فروشگاه برای خرید، خرید تلفنی، خرید اینترنتی، شکایات (فهرستی از شکایات و مشکلات عمده را نیز تهیه کنید).

۷- حال با استفاده از تجارب و اطلاعات به دست آمده، برنامه‌ای برای تکریم مشتریان تهیه کنید.

۸- گفتنی است برای آنکه کارکنانتان بتوانند احساس ارزشمندی را به مشتریان منتقل کنند، ابتدا باید خود این احساس را در درون خویش به دست آورند. به این فکر کنید چگونه می‌خواهید از کارکنانتان قدردانی کنید؟

۹- به‌طور مشترک روی سنجه‌ها و آیین‌نامه‌های اجرایی توافق کنید تا به این وسیله از حسن اجرای برنامه‌های تکریم مشتری اطمینان حاصل کنید.

۱۰- حالا نوبت به بار نشستن تلاشهای شما است؛ خواهید دید که نتایج دور از انتظارتان خواهد بود.

فراموش نکنیم این فرایند مقطعی نیست و شرکتهای معتبر به‌طور مستمر اینگونه برنامه‌ها را پیاده‌سازی می‌کنند و با پایش رفتار مصرف‌کنندگان، و ارزیابی بازخوردها به شکل مدام، در فرایندهای کسب‌وکار خود تجدید نظر می‌کنند.

گفتار نوزدهم
چگونه در فروش بدرخشیم؟

تمایز را می‌توان ارمغان بازاریابی دانست، با این همه در فرایند فروش است که می‌توان خوش درخشید و به معنای واقعی متمایز بود. گروه رین (RAIN)، از شرکتهای مطرح در زمینه‌ی سنجش و آموزش فروش و فعال در زمینه‌ی بهینه‌سازی عملکرد فروش، اخیراً پیمایشی را در بیش از ۷۰۰ فروش صنعتی انجام داده است. هدف از انجام این پژوهش، درک این مهم بود که فرایندهای موفق فروش چه اقدامات متفاوتی را در قیاس با فرایندهای ناموفق فروش صورت می‌دهند که به چنین جایگاه رفیعی دست یافته‌اند.

یکی از حوزه‌هایی که مورد مطالعه‌ی این گروه قرار گرفت، نوع ادراک مشتری از فروش بود. در مجموع در این پیمایش، ۴۲ ویژگی مورد مطالعه قرار گرفت، که سه تای آنها دلالت بر تمایز داشت. این سه عامل عبارت بودند از:

۱- مجموع ارزش دریافتی از شرکت به نسبت دیگر گزینه‌های موجود (و شرکتهای دیگر) بالاتر است.

۲- شرکت خدمات و کالاهای برتر را به نسبت دیگر گزینه‌ها ارائه می‌کند.
۳- فروشنده عامل تمایزبخش محصولات و خدمات در قیاس با گزینه‌های دیگر است.

عوامل تمایز سه‌گانه‌ی مذکور در صدر فهرست اهمیت قرار گرفتند. و این موضوع حکایت از اهمیت بالای تمایز در فرایند فروش دارد و بنابراین تمایز، عاملی کلیدی در دستیابی به موفقیت در فروش است.

چگونه در فرایند فروش متمایز باشیم؟

در اینجا به مرور ۶ تکنیک پرداخته می‌شود که می‌تواند فرایند فروش ما را از رقبا متمایز کند:

۱) کمیاب باشیم و برگ برنده داشته باشیم

تمایز دارای دو مؤلفه‌ی اصلی است: الف) مزیت و برتری کلی و ب) ادراک مشتری نسبت به کمیابی.

چنانچه از خریداران پس از انجام خرید سؤال کنید که چرا یک تأمین‌کننده را به دیگری ترجیح داده‌اند، آنها عموماً چند دلیل را برای انتخاب خود برمی‌شمارند. بنابراین آمیزه‌ای از وجوه تمایز وجود دارد که در نهایت یک فروشنده را در ذهن خریدار برجسته می‌کنند.

زمانی که در نظر خریدار محصولی کمیاب به نظر برسد، این برگ برنده‌ای در دستان فروشنده‌ی آن محصول خواهد بود. چرا که مشتری با درک کمیابی محصول، تمایل بیشتری به خرید آن می‌یابد. هر چند که کمیابی به معنای "منحصربه‌فرد بودن" نیست. فراموش نکنیم که فروشندگان بسیاری تنها داعیه‌ی کیفیت، نتیجه‌بخشی، پاسخگویی، خدمات خوب، و بهبود مداوم، و... را با خود یدک می‌کشند، اما تعداد انگشت‌شماری واقعاً این خدمات را ارائه می‌دهند. حال آنکه کسانی که به ارائه‌ی چنین

ویژگیهایی پایبند باشند دست‌کم یک سر و گردن بالاتر از سایرین خواهند بود.

۲) شاخصهای متمایز (USPs) ایجاد کنیم

به عنوان فروشنده، بسیار شنیده‌ایم که باید شاخصه‌هایی متمایزکننده (USPs) را برای خود و کسب‌وکارمان ایجاد کنیم. البته ساختن برگهای برنده آنچنان هم ساده و به دور از مشکل نیست.

یکی از عمده‌ترین این مشکلات آن است که فروشندگان دیر به اهمیت شاخصه‌های متمایز در فرایند فروش پی می‌برند. البته شاخصه‌های متمایز تنها هموارکننده‌ی مسیر برای دستیابی به موفقیت در فروش هستند اما سنگ بنای آن به شمار می‌روند و باید از همان ابتدا (مرحله‌ی تدوین چشم‌انداز و برنامه‌ی کسب‌وکار) به فکر ایجاد آنها بود.

۳) مذاکرات خود را متناسب با تجارب خریدار درآوریم

معمولاً در همان آغاز فرایند مذاکرات فروش، خریداران این سؤال را از فروشندگان می‌کنند که، "بسیار خوب؛ تفاوت شما در چیست و چگونه است؟" البته اغلب، پاسخ فروشندگان چندان دلچسب نیست و گاه هیچ پاسخی در قبال این سؤال ندارند.

زمانی که می‌خواهید به چنین سؤالاتی پاسخ دهید، فراموش نکنید که تمایز و تفاوت تداعی‌گر مقایسه است، حال به فروشنده بستگی دارد که متوجه شود که "در مقایسه با چه چیز ما متمایزتریم؟"

به این سؤال فکر کنیم که تفاوت ما نسبت به رقبا چگونه است؟ ادراک مشتری نسبت به متفاوت بودن تجربه‌ی خود از محصولات، خدمات کارکنان، و یا شرکتهای مشابه، ابزاری قدرتمند برای یافتن وجوه تمایز است.

بنابراین زمانی که از شما سؤال شد که تفاوت‌تان در چیست؟ می‌توانید

برای مثال، پاسخ دهید که این موضوع و درک متفاوت مشتریان از ما، بستگی به تجارب آن‌ها از همکاری با دیگر رقبای‌مان دارد. حالا می‌توانید سؤالی هوشمندانه را نیز از مشتری بپرسید تا به جایگاه خود دست یابید: "عقیده و ادراک شما در خصوص شرکتهای مشابه شرکت ما چیست؟ همکاری با آن‌ها چه تجارب ویژه‌ای را برای شما به یادگار گذاشته است؟"

با مطرح ساختن چنین سؤالاتی، می‌توانید باب یک مذاکره‌ی هوشمندانه و سودمند را با مشتری باز کنید. مذاکره و تعامل باز با مشتری، ابزاری غنی‌تر نسبت به پاسخهای از پیش تعیین شده است و اطلاعات خوبی را از وجوه تمایز سازمان در اختیار ما قرار می‌دهد.

۴) در حوزه‌های صحیح متمایز باشیم

فروشندگان موفق در چهار حوزه متفاوت هستند:

- خود
- پیشنهادات خود
- شرکت و یا سازمان خود
- نتایج نهایی که خریدار می‌تواند به دست آورد.

بسته به خریدار، ممکن است برخی حوزه‌ها اهمیت بیشتری به نسبت سایر آن‌ها داشته باشند و تصمیم‌گیری در این خصوص بر عهده‌ی فروشنده است.

۵) عالم بی‌عمل نباشیم

برای مثال اگر "پاسخگویی" نکته‌ی کلیدی در ارزشمندی و تمایز سازمان ما باشد، پس واقعاً باید پاسخگو باشیم. چنانچه ما در فرایند فروش پاسخگو باشیم و در مقابل دیگر فروشندگان از این ویژگی بی‌بهره باشند، خریدار این ارزش را به ما نسبت خواهد داد. بنابراین تنها شعار دادن کافی نیست

بلکه، عمل به آن در قالب الگوسازیهای رفتاری و فرهنگ‌سازی در سازمان است که دارای اهمیت است.

۶) خود را متمایز کنیم؛ تفاوت را از خود شروع کنیم

بسیاری از فروشندگان تصور می‌کنند که شرکت و پیشنهادات آن (اعم از محصول یا خدمت) مهمترین ابزار برای ایجاد تفاوت در فرایند فروش هستند، اما تمایز شخص فروشنده نیز به همان درجه و بلکه بیشتر دارای اهمیت است. نقش فروشندگان در موفقیت فروش و وفادار شدن مشتری غیرقابل انکار است.

از سوی دیگر، تحقیقات مؤسسه‌ی رین حاکی از آن است که تجربه‌ی خریدار در فرایند خرید به همان درجه‌ی میزان رضایت او از خدمات یا محصولات، یک شاخص پیش‌بینی‌کننده‌ی دقیق از میزان وفاداری مشتریان به شمار می‌رود.

با این حساب، به نظر شما چه کسی تجربه‌ای رضایت‌بخش از خرید را به کام خریدار می‌چشاند؟ قطعاً فروشنده. بدین‌رو، فروشندگان از ارکان اصلی تمایز هستند و به شما کمک می‌کنند تا در فروش بدرخشید.

گفتار بیستم
فروش به ناخودآگاه

اگر می‌خواهید بدانید که چطور بر تصمیم خرید مشتریان اثر بگذارید، باید ذهن ناهوشیار آنها را بشناسید. اگرچه مردم تصور می‌کنند که خریدی منطقی داشته‌اند و در تصمیمات خود تمام جوانب را در نظر گرفته‌اند، اغلب تحت تأثیر ذهن ناخودآگاه خود تصمیم گرفته و اقدام می‌کنند. دانشمندان اغلب ذهن انسان را به کوه یخ تشبیه می‌کنند که تنها بخش کوچکی از آن قابل مشاهده است. به اعتقاد جرالد زالتمن، استاد دانشگاه هاروارد و مبدع روش زیمت (zmet)، ۹۵ درصد ادراک انسان در ناخودآگاه اتفاق می‌افتد.

در اینجا چهار عامل را که به‌وسیله‌ی آنها می‌توان در طول فرایند خرید در ذهن ناخودآگاه مشتری نفوذ کرد، به اختصار توضیح می‌دهم. این عوامل از کتاب "شناخت مصرف‌کننده"، نوشته‌ی فیلیپ گریوز استخراج شده است.

لطفاً فکر نکنید.

۱- مردم زمان خرید ترجیح می‌دهند که فکر نکنند.
فکر کردن واقعاً به انرژی نیاز دارد. مغز برای فکر کردن به گلوکز نیاز دارد.

فعالیتی مثل خرید، هرچه بیشتر به تفکر نیاز داشته باشد، خستگی بیشتری را به همراه خواهد داشت. اگر فرایند خرید از شما به گونه‌ای باشد که به فکر کردن به میزان زیاد نیاز داشته باشد، مشتریان خسته می‌شوند و ذهن ناخودآگاه این وضع را نمی‌پسندد. اگر مشتری با گزینه‌های زیادی روبه‌رو شود و اطلاعات زیادی در اختیارش قرار گیرد، حتی اگر راه‌حل او نزد شما باشد باز هم بعید است که از شما خرید کند چون شما او را وادار می‌کنید که بیش از حد معمول فکر کند.

• **راهکار**: فرایند خرید را آسان کنید. گزینه‌های خرید را تا حدی که به تنوع محصول شما آسیب نمی‌رساند، محدود کنید و تصمیم‌گیری در مورد خرید را برای مشتری راحت کنید. مردم علاقه‌ای ندارند که همه‌چیز را در مورد محصول و خدمت شما بدانند، پس از حجم اطلاعات کم کنید و تنها در ارتباط با تصمیم خرید صحبت کنید.

ریسک گریزی.

۲- مردم از به دست آوردن چیزهای جدید لذت می‌برند اما از دست دادن آنچه که دارند سخت‌تر است.

مطمئناً مردم دوست دارند چیزهای جدید را تجربه کنند، اما این حس نوگرایی بسیار فریبنده است. اولویت غریزی مشتریان بیشتر به احتیاط متمایل است. چرا که انسان زیان را بیشتر از منفعت حس می‌کند. مردم نسبت به زیان احتمالی بسیار حساستر هستند، زیرا ذهن ناخودآگاه بیشتر به امنیت معطوف است.

• **راهکار**: کسب‌وکارها بیشتر زمان را صرف قانع کردن مشتری به تجربه‌ی چیزهای جدید می‌کنند، در حالی که مشتریان عمدتاً نگران گزینه‌های ناخوشایندند. در جایگاه‌یابی برای محصول خود، بیش از آنکه بر نوگرایی و سنت‌شکنی آن تمرکز کنید، بر اطمینان و امنیت آن تأکید

کنید. یکی از راههایی که می‌توان به این مقصود رسید، این است که او را قانع کنید در صورت عدم خرید از شما دچار زیان خواهد شد. به گفته‌ی گریوز، "زمانی که ترس از دست دادن فرصت بر ترس از انتخاب بد غلبه کند، خرید انجام خواهد شد."

اثر اولیه.
۳- مردم بشدت تحت تأثیر اولین برخوردند.

مردم دوست دارند که منطقی و عینی فکر کنند، اما تحقیقات نشان داده است که اولین برخوردها این عینیت‌گرایی را تحت تأثیر قرار می‌دهند. آنها تحت تسلط اولین تجربه‌ها، اولین پیامهای برند، اولین اثرها، اولین تجربه‌های احساسی، و... و اولین چیزهایی هستند که مردم در مورد یک محصول می‌گویند. اگر مصرف‌کننده‌ها پیامی را برداشت کنند، به صورت ناخودآگاه برای پشتیبانی از آن به دنبال دلیل می‌گردند.

● **راهکار**: اولین برخورد شما با مشتری بسیار حساس است. در انتخاب اولین کلماتی که به مشتری می‌گویید، محتاط و دقیق باشید. اولین قیمتی که می‌گویید، اولین پیام برندی که تولید می‌کنید و اولین تجربه‌ای که در فروشگاه شما ایجاد می‌شود، همگی تعیین‌کننده هستند. اطلاعات و تجربیاتی فراهم کنید که مشتری را در مسیر استدلال برای توجیه خرید قرار دهد.

تأیید اجتماعی.
۴- مردم تابع جمع هستند، مگر اینکه امکانش نباشد.

مصرف‌کنندگان دوست دارند که خود را پیشگام نشان دهند؛ دوست دارند اولین کسی باشند که یک پدیده یا محصول جدید را امتحان می‌کنند. اما ذهن ناخودآگاه اینگونه فکر نمی‌کند. او دوست دارد که پیرو باشد و از

دیگران تقلید کند. گریوز در کتاب خود می‌گوید: "برخلاف آنچه که بیشتر ما دوست داریم خود را نوگرا معرفی کنیم، اما در سطح ناخودآگاه نوگرا نیستیم بلکه، پیرو هستیم."

مردم پیش از خرید واقعاً طالب تأیید اجتماعی هستند، به همین دلیل است که تبلیغات دهان به دهان دارای چنین قدرتی است. ما زمانی که دیگران را در حال خرید چیزی می‌بینیم، درمی‌یابیم که خرید آن خوب است.

● **راهکار:** نکته‌ی جالب در مورد این پیروی از جمعیت این است که لازم نیست مشتریان خود شاهد عملکرد دیگران باشند. آنها تنها به تأیید نیاز دارند و برای خیلی‌ها گفتن اینکه دیگران چه می‌کنند، کفایت می‌کند. برای مشتریان شواهدی فراهم کنید مبنی بر اینکه دیگران خریدار آنچه که شما می‌فروشید هستند.

اگر بتوانید به مشتریان بقبولانید که آنها در این پیروی از دیگران پیشرو هستند، توانسته‌اید با یک تیر دو نشان بزنید.

گفتار بیست و یکم
نوروسلینگ (Neuroselling)؛
اسرار فروش عصب‌پایه

مختصات فروش بی‌محابا به سمت مدرن شدن پیش می‌رود. نوروسلینگ یا فروش عصب‌پایه را می‌توان از جدیدترین رویکردها به مقوله‌ی فروش دانست. البته این قبیل رویکردهای مدرن به معنای نادرست بودن و یا ناکارآمدی روشهای قدیمی‌تر فروش و بازاریابی نیستند بلکه، هدف از ابداع فلسفه‌های نوظهور فروش، در پیش گرفتن مسیری متمرکزتر و اثربخش‌تر در رویکرد بازاریابان نسبت به فروش است.

همان‌طور که می‌دانیم، دانش عصب‌شناسی (نوروساینس) مطالعه‌ی علمی سیستم عصبی بدن است.

عصب‌شناسی از شاخ و برگهای علم زیست‌شناسی بوده و رفته رفته به دانشی میان رشته‌ای تبدیل شده است. فروش عصب‌پایه نیز به عنوان دانشی میان‌رشته‌ای، معرف ارتباط میان واکنشهای زیستی و شیمیایی در مغز در برابر هیجانات، افکار، و سرانجام تصمیمات خرید است.

دانش عصب‌شناسی مغز را به سه بخش عمده تقسیم‌بندی می‌کند: مغز جدید، مغز میانه، و مغز کهن یا خزنده. درک کارکرد هر یک از بخشهای

سه‌گانه‌ی مغز می‌تواند به بازاریابان و نیروهای فروش در فهم چگونگی تصمیم‌گیری مشتریان، و متعاقب آن، نحوه‌ی تعامل شایسته‌تر و اثربخش‌تر با مصرف‌کنندگان و مشتریان کمک کند. هر چند که شناخت مغز کهن (خزنده) که همان ارگان تصمیم‌گیر مغز خریداران است از اهمیت بالاتری برخوردار است. بنابراین فروش عصب‌پایه را می‌توان مجموعه‌ای از تکنیکهای مبتنی بر ساختار مغز برای فروش بیشتر تعریف کرد.

آنچه در پی می‌خوانیم، گزیده‌ای از یادداشتی به قلم درویلا اُبرایان (Dervilla O Brien) از نویسندگان مؤسسه‌ی مایندفیت ایرلند است که به معرفی تعدادی از مهیج‌ترین تاکتیکهای نوروسلینگ می‌پردازد:

۱- مشتری ولی‌نعمت است، پس در حد امکان اول او را در نظر بگیرید

مغز ما تقریباً هر یک‌پنجم ثانیه به بررسی و اسکن محیط پیرامون برای یافتن عوامل تهدیدآفرین می‌پردازد. ما در قامت یک فروشنده، برای آنکه در چشم مغز خریدار به‌عنوان یک تهدید فرض نشویم، می‌بایست با اقداماتی نظیر کسب تکلیف و اجازه از مشتری، ایجاد ارتباط و روابط همدلانه با او، و در نهایت پیشنهاد راهکار و راه‌حل برای رفع نیازهای او، به‌عنوان عاملی مطلوب در ذهن مشتری تبدیل شویم.

از یاد نبریم که آغاز فرایند مذاکره‌ی فروش، مهمترین بخش روند فروش به شمار می‌رود، چرا که مشتریان تمام توجه خود را جلب ابتدای مبحث می‌کنند، در اواسط کار مجاری ارتباطی خود را می‌بندند، و هر از گاهی در انتهای تعامل، مغزشان فرمان بیدارباش به آنها می‌دهد. بنابراین، مذاکره‌ی خود را با شرح و تفاصیل بلندبالا مثل تاریخچه‌ی شرکت آغاز نکنید، چرا که این چیزها اهمیتی برای مشتریان و مغزهایشان ندارد. در عوض نفع مشتری را در نقطه‌ی آغاز مذاکرات خویش لحاظ کنید. قانون WIFM (نفع آن برای من چیست؟) را در نظر داشته باشید. چرا که مغز مشتری در

درجه‌ی نخست به خود می‌اندیشد. بنابراین صحبتهای خود را با برجسته ساختن مزایایی که می‌توانید به مشتری ارائه دهید، آغاز کنید.

سپس به‌سرعت تمرکز خود را معطوف نیازها و خواسته‌های مشتری کنید، آن هم از طریق پرس‌وجوهای هوشمندانه. سؤالاتی مثل اینکه چه چیزهایی موجب انگیزش مشتری می‌شود و اینکه مبرمترین نیاز مشتری در حال حاضر کدام است، از آن جمله‌اند.

۲- شش‌دانگ حواس مشتری را جمع کنید

در حین تعامل با مشتری، به بازخوردهای کلامی و غیرکلامی او توجه کنید. در این صورت است که می‌توانید متوجه پرت شدن حواس او از موضوع و یا حتی ناخرسندی او شوید.

ساده‌گویی و ساده‌سازی را سرلوحه‌ی تعاملات فروش قرار دهید و با ایجاد تضاد ذهنی برای مشتری، تصمیم‌گیری را برای او ساده‌سازی کنید: قبل/ بعد، با / بدون، آرام / سریع، و...

از به‌کارگیری مفاهیم انتزاعی پرهیز کنید، و در عوض از استعاره‌ها بهره ببرید. هر چند که نمی‌توان کنترل همه‌ی موارد را به دست گرفت، با این حال تلاش کنید تا مذاکرات و ملاقاتهای خود را در مکانی ساده و خلوت و بدون عوامل حواس‌پرت‌کن برگزار کنید.

۳- در ذهن مخاطب تصویرسازی کنید

اعداد، سند و مدرک شما برای مغز جدید مشتری هستند، حال آنکه مغز قدیم او تشنه‌ی تماشای تصاویر و الگوهای آشنا است. به‌جای لفظ‌پراکنیهای فنی و به‌کارگیری الفاظ پیچیده، شرایط و موقعیت کنونی مشتری را رصد و مطابق با آن ماجراها و توصیه‌نامه‌های مشتریان پیشین را در اختیار او قرار دهید تا تصویری مطلوب از خدمات خود را پیش چشم مشتری بالقوه

ترسیم کرده باشید. شعارها و وعده‌های خود را کوتاه و متناسب کنید. وعده‌های شما باید از درد (نیاز) مشتری بکاهند، شما را از رقیب متمایز کنند، و عملی شدن‌شان اثبات‌پذیر باشد.

سودمندی خود را در سه حوزه به مشتری نشان دهید:

- مالی و اقتصادی
- استراتژیک
- شخصی

مغز تصاویر را با سرعت و میزان یادآوری بالاتری پردازش می‌کند، بدین‌رو از تصاویر، نمادها، نمونه‌ها (نماد) و مدلها و اشکال بهره ببرید. تکنیک موسوم به پویانمایی روی تخته‌ی سفید (whiteboard animation) از جمله ترفندهای مهیج و جدید برای ترسیم نقشه‌ی راه مشتری به سوی راه‌حل مطلوب است و می‌توان با استفاده از آن و یا تصویرسازی به مشتری نشان داد که همسفر شدن با شما به‌عنوان فروشنده، چه منافعی را عاید او می‌کند. به‌راستی که به قول معروف یک تصویر، 'کار هزار کلمه را می‌کند.

۴ـ احساسات حرف اول را در فروش می‌زنند

مغز خزنده به‌رغم ظاهر خشن خود، بسیار احساسی است و بخوبی در مقابل هیجان واکنش نشان می‌دهد. بنابراین از این قابلیت می‌توان در جهت ارتباط مثبت و بهینه با مشتری بهره برد. با اقداماتی نظیر مدیریت بهینه‌ی اعتراضات و گوش سپردن و رسیدگی به شکایات مشتری، پیوندهای عاطفی خود را با مخاطبان محکم کنید. شور و شوق در کلام و مذاکره نیز تأثیر عاطفی مثبتی روی مغز مصرف‌کنندگان دارد و آنها را محیای خرید می‌کند. از واژگان خود مشتری غافل نشوید و این کلمات را در گفته‌های خود بگنجانید تا احساس نزدیکی و صمیمیت بیشتری میان شما و مشتری پیدا شود. حتماً بارها شنیده‌اید که افراد از دوستان خود خرید می‌کنند. البته از

اینکه باورها و نظرات شخصی خود را به‌عنوان فروشنده با مشتری در میان بگذارید واهمه ای نداشته باشید، چرا که اگر یک فروشنده به خود باور نداشته باشد، چطور انتظار خواهد داشت که مشتری او را باور کند؟

۵- با خلق ارزش، معامله را خاتمه دهید

در مرحله‌ی ارائه‌ی قیمت، زمینه و استدلال خود را برای قیمتهای تعیین شده مطرح سازید، چرا که بدون زمینه‌سازی در ارائه‌ی قیمت، احساس مغز مخاطب چنین خواهد بود که این قیمتها ناعادلانه‌اند و در حق او اجحاف شده است.

در این موارد می‌توان برای مثال از تکنیک مقایسه با قیمتهای بازار و یا مقایسه‌ی قیمتهای خود با قیمتهای استاندارد استفاده کرد. تأکید بر ارزشمندی محصول مثل کیفیت برتر یا خدمات تکمیلی اضافه را نیز از یاد نبرید. کالای هدیه‌ی رایگان، و سیستمهای تشویقی خرید، و... نیز از دیگر پیشنهادات برای ارزش‌افزایی محصول نزد مغز مشتری است.

در آخر مروری کوتاه، و دوباره به درد (نیاز) مشتری، راهکار پیشنهادی خود، و چشم‌اندازتان در خصوص وضعیت آتی مشتری و منافع وی در آینده داشته باشید.

نوروسلینگ مجموعه‌ای از تکنیکهای مبتنی بر عملکرد و کارکردهای مغز انسان برای فروش به قلب و مغز مشتری است. این تکنیکها می‌توانند در عین سادگی، تغییراتی پایدار و چشمگیر را در فرایند فروش به وجود آورند.

گفتار بیست‌ودوم
هفت دروازه‌ی ورود به بخش اشتیاق مغز خریداران

در واقع مردم محصول نمی‌خرند بلکه، تنها شکلی تغییریافته از هیجانها و احساسات خود را خرید می‌کنند. برای مثال، آنها برای ارضای کودک درون خود، در خردسالی سوار تاب و سرسره می‌شوند و در بزرگسالی محصول تاب و سرسره تبدیل به محصولی بلوغ‌یافته‌تر مثل شهربازی و سینما می‌شود. به این سبب دلیل، چرایی خرید را باید در مغز انسانها و هیجانات درونی‌شان جستجو کرد.

بدین‌رو، اگر فروشنده‌ای بتواند ما را مجاب کند که در صورت خرید محصول او به یک شرایط احساسی مثبت دست خواهیم یافت، آنگاه به خرید رغبت نشان داده و آن جنس را می‌خریم. در این گفتار، به هفت حوزه‌ی تمایلات و نیازهای انسانی اشاره می‌شود.

هفت حوزه‌ی تمایلات و نیازهای انسانی

اگر بخواهید به انسان مدرن امروزی چیزی بفروشید، باید ابتدا امیال و اشتیاقات آنها را بشناسید و تحت تأثیر قرار دهید. شما باید آنها را متقاعد

کنید که محصولتان دست‌کم در یکی از موارد زیر می‌تواند نیازهایشان را برطرف کند:

۱- سلامتی و تندرستی

همواره از قدیم گفته‌اند که عقل سالم در بدن سالم است! کسی نیست که سلامتی و تندرستی را دوست نداشته باشد. همه‌ی ما انسانها به حفظ تندرستی خود بها می‌دهیم. مردم به تغذیه‌ی صحیح، زیبایی، استقامت، چابکی، تعادل، انرژی، نشاط، ورزش، و بسیاری چیزهای دیگر برای حفظ تندرستی نیازمندند. جالب آنکه آنها تمایل دارند، بی‌آنکه زحمتی را متحمل شوند، به‌سرعت و به آسانی این نیازها تأمین شود.

به مشتری بگویید که محصول شما چگونه به آنها احساس بهتری می‌دهد و آنها را تندرست و پرانرژی می‌سازد! نکته: ابتدا یقین پیدا کنید که محصولی که دارید واقعاً بتواند چنین کاری کند! اگر چنین نیست و این محصول نمی‌تواند برای مشتری ارزش خلق کند، آنگاه در فکر تولید و جایگزینی محصولی بهتر باشید.

۲- روابط و مناسبات

این حوزه شامل تمامی ارتباطات ما با همسر، بچه‌ها، همکاران، همسایگان، و... می‌شود. امروزه هزاران محصول مبتنی بر همین نیاز فروخته می‌شود، چرا که میزان تقاضا در این حوزه بسیار بالا است. دلیل آن هم چیزی نیست جز آنکه انسان موجودی است اجتماعی. پس به شکل دقیق برای مشتری توضیح دهید که محصول شما چگونه می‌تواند موجب ایجاد روابط بهتر در زندگی شود.

بسیاری از محصولات آرایشی-بهداشتی در حال حاضر از چنین رویه‌ای بهره می‌برند، و وجود خود را ضرورتی برای برقراری ارتباطات پایدار و

مناسب معرفی می‌کنند.

۳- اشتغال

برای اغلب مردم مسائل مادی و مرتبط با توانایی مالی‌شان ارتباط تنگاتنگی با وضعیت اشتغال آنها دارد. حال با این حساب بسته به محصولتان می‌توانید بر روی تأثیر خدمات یا محصولات خود بر موضوعاتی مثل شغل بهتر، ترفیع، موفقیت شغلی، یا فرصتهای جدید شغلی تأکید کنید.

۴- مادیات

هر کسی طیفی از نیازهای مادی دارد، و مردم قادرند تا این نیازها را حتی در رؤیای خود خلق کنند و در اندیشه‌ی دستیابی به آنها باشند. مسکن، پوشاک، خوراک، اتومبیل و وسایل نقلیه، کتاب، و خلاصه هر آنچه که در داشتن یک زندگی با کیفیت ضروری است، از مادیات هستند. یک فروشنده‌ی کارکشته، بخوبی و آسانی می‌تواند این اشتیاق را در ذهن مصرف‌کننده بیدار و تحریک کند.

۵- اتصال و ارتباط با عالم بالا

احساس تعلق، حسی ارضاکننده و بسیار خوشایند است. به‌طور کلی انسانها بدون یک احساس تعلق معنوی، احساس تهی بودن و پوچی می‌کنند.

آنها سعی می‌کنند این احساس پوچی را گاه با لذات مادی پر کنند، اما این لذایذ زودگذر بوده و نمی‌تواند همواره آنها را راضی نگه دارد. اما ارتباطات معنوی درکی معنادار از زندگی و هدفمند بودن به انسان می‌بخشد که می‌تواند همواره انسانها را راضی و خشنود نگه دارد.

بالتبع محصولاتی که بر غنابخشی ارتباط میان مصرف‌کننده و هستی تأکید دارند، به آسانی به فروش می‌روند.

۶- جامعه و ملت

ما انسانها موجوداتی اجتماعی هستیم، و ذاتاً میل داریم تا در جوامع و محیطهای اجتماعی زندگی کنیم. تعداد بسیار اندکی از انسانها از سبک زندگی امثال رابینسون کروزو لذت می‌برند!

چنانچه شما محصولی دارید که بر این میل ذاتی بشر تأثیر دارد، در موارد متعددی مثل رویدادهای اجتماعی، روابط متعالی با همسایگان، صلح، تشریک مساعی، و... می‌توانید از این حس بهره بگیرید.

همان‌طور که تأکید شد، انسانها احساس تعلق را دوست دارند. آنها به پیوستن به گروهها و باشگاهها، دسته‌ها، و... علاقه‌مندند. شاید دلیل اصلی تشکیل باشگاه مشتریان و برگزاری دوره‌ای رویدادها و گردهماییهای مردمی به‌وسیله‌ی برخی برندها، همین نکته باشد.

یا برای مثال یک بیلبورد تبلیغاتی را در نظر بگیرید که خانواده‌ای را به تصویر کشیده (با خانه‌ای دنج و زیبا در پس‌زمینه) که از معاشرت با همسایگان خود نیز لذت می‌برند؛ چنین تبلیغاتی بخوبی احساسات افراد را بر می‌انگیزد.

۷- رشد و بالندگی شخصی

شما تمایل دارید که چه کسی باشید، چه چیزهایی داشته باشید، و چه کارهایی انجام دهید؟ همگی ما انسانها میل زایدالوصفی به پیشرفت داریم. مردم اشتیاق بسیاری به رشد شخصی، کسب دانایی، و داشتن هدف در زندگی دارند.

انسانهایی که در زندگی هدف، آرزو، و رسالت دارند، شادترین افراد هستند. ما انسانها برای دستیابی به این مهم، نیاز به مهارت داریم. کتابها، کلاسهای آموزشی، و... همه و همه میانبری برای دستیابی به رشد شخصی هستند. گاهی اگر تنها به همین نیاز انسانها، یعنی نیاز به بالندگی و رشد

بیندیشید، کافی است تا بتوانید محصولی متناسب طراحی و آن را بخوبی عرضه کنید.

● **نکته‌ی آخر:** شاید ساده‌ترین راه برای درک و شناخت نیاز دیگران، این باشد که ابتدا خود و نیازهای درونی خود را بشناسید. به این فکر کنید که چه چیزهایی می‌تواند مایه‌ی رشد شما شود و در این میان کدامیک ارزش پول خرج کردن را دارد.

گفتار بیست‌وسوم
مشتری‌شناسی؛
سناریوهای فروش

شناخت مشتری، از ابعاد بسیار مهم بازاریابی مدرن است. به بیان دیگر، مشتری و شیوه‌های برخورد با او، از جایگاهی بنیادین در مختصات بازاریابی نوین و برنامه‌های بازاریابی برخوردار است. بنابراین، کیفیت رفتار با مشتری از رموز و اسرار موفقیت در فروش به شمار می‌رود، چرا که بازاریابی را می‌توان هنر کسب خشنودی مشتری تعریف کرد.

هدف گفتار حاضر، معرفی ۸ شخصیت مشتری و در مقابل هشت سناریوی فروش در بازاریابی است که می‌تواند راهگشای بسیاری از امور در بحث فروش و بازاریابی باشد و در نهایت به فروش بیشتر بینجامد. ویژگیهای این ۸ تیپ مشتری را می‌توانید در زیر دنبال کنید:

۱- مشتریان قاطع- نام مستعار: "خودرأی‌ها"

مشتریان قاطع بسیار مصمم، پویا، و قاطعانه تصمیم‌گیری می‌کنند. آنها انسانهایی فعال و نتیجه‌گرا هستند و همواره درصدد پیروزی‌اند. احتمالاً آنها در لباس یک خریدار، افرادی ازخودراضی، و کمی بی‌نزاکت به نظر

می‌رسند.

مشتریان قاطع شدیداً تمایل دارند که کارها بر وفق مرادشان و در چارچوب زمانی صورت گیرد که خود تعیین می‌کنند. اگر بخواهیم محصولی را به مشتریان قاطع بفروشیم، ما نیز باید مانند آنها از خود قاطعیت به خرج دهیم، و همواره تمایل خود را به پیشرفت آنها ابراز کنیم. نگران بروز تعارض و اختلاف میان خود و افراد اینچنینی نباشید، چرا که آنها حتی می‌توانند از بستر تعارض و اختلاف رشد کنند.

مشتریان قاطع و خودرأی اهل هم‌رأیی و مشارکت نیستند و حرف، حرف آنها است. آنها خودرأی هستند و تنها خود حق تعیین مسیر را دارند.

۲- مشتریان مشارکت‌جو- نام مستعار: "توافق‌جویان"

مشتریان مشارکت‌جو، نقطه‌ی مقابل مشتریان قاطع هستند. آنها دوست دارند مسائل را با مشارکت دیگران حل‌وفصل کنند. آنها مشورت‌گرا، موقع‌شناس، سازگار، و اهل رایزنی و دیپلماسی هستند. مشتریان مشارکت‌جو روابطی توأم با احترام با دیگران دارند.

فروش به این قبیل اشخاص، احتمالاً کاری زمان‌بر است، چرا که آنها برای تصمیم‌گیری نیاز به مشورت دارند. حتی ممکن است در برخورد با مشتریان مشارکت‌جو چندبار وادار به عقبگرد شوید. اما مأیوس نشوید و همچنان با آنها تعامل کنید.

شنیدن نظر موافق دیگران برای توافق‌جویان از اهمیت بسیاری برخوردار است. به قولی آنها بی‌اجازه‌ی هم‌قطارانشان حتی آب هم نمی‌خورند!

توافق‌جویان از آن دسته افرادی هستند که برای تصمیم‌گیری‌های بزرگ، حتماً یک کمیته تشکیل می‌دهند تا نظرات دیگران را نیز جویا شوند. در مواجهه با مشتریان مشارکت‌جو، نه به عنوان فروشنده بلکه، به عنوان یک مشاور دلسوز عمل کنید.

۳- مشتریان ارتباط‌محور- نام مستعار: "دوستها"

ارتباط‌محوران اهل تعامل هستند و ارتباطات و بده‌بستانهای اجتماعی، از اهمیتی ویژه نزد آنها برخوردار است.

آنها افرادی مشتاق، دلسوز، و اهل کار گروهی هستند و در حل مسائل خلاقانه عمل می‌کنند.

مشتریان ارتباط‌محور در ایجاد ارتباطات بی‌نظیر هستند. آنها اهل بحث و مشورت هستند و مطرح ساختن حتی یک سؤال می‌تواند سر یک بحث گرم و طولانی را با این گروه باز کند.

برای ارتباط‌محوران کلیت چیزها اهمیت دارد، بنابراین هنگام فروش به آنها از ارائه‌ی ریز اطلاعات فنی خودداری کنید. حتماً شنوای ایده‌ها و نظرات آنها باشید و در ذوق و شوقشان شریک شوید.

افراد شبیه ارتباط‌محوران، تفاوتی میان بحثهای مرتبط با کسب‌وکار و بحثهای مربوط به زندگی شخصی خود قائل نیستند، و حتی ممکن است در طول فرایند خرید، خاطرات یا رویدادهای زندگی خود را برایتان بازگو کنند. زمان گفتگو با آنها، قیافه‌ی حق به جانب نگیرید و خیلی از دریچه‌ی منطق با آنها برخورد نکنید. اینگونه آنها شما را دوست خود خواهند دانست و طبیعی است که ما انسانها علاقه‌ی زیادی به خرید کردن از دوستانمان داریم !

۴- مشتریان شکاک- نام مستعار: "محافظه‌کاران"

مشتریان شکاک در نقطه‌ی مقابل مشتریان ارتباط‌محور قرار دارند. آنها عموماً افرادی درون‌گرا و دارای تفکر انتقادی هستند. آنها سخت به دیگران اعتماد می‌کنند.

اگر در حال فروش محصولی به مشتریان شکاک هستید، از اینکه پشت تلفن احساس آرامش نمی‌کنند و چندان راحت نیستند، تعجب نکنید. آنها

ارتباط از طریق ایمیل را به ارتباط تلفنی ترجیح می‌دهند، پس چندان انتظار دریافت بازخورد را از محافظه‌کاران نداشته باشید. سعی نکنید تا به‌سرعت با آنها گرم بگیرید و خودمانی شوید.

فراموش نکنید که این مشتری در جلسات و در طول فرایند فروش چیز چندانی را از خود بروز نخواهد داد، بنابراین شناخت نیازها و مطالبات او کمی دشوار است. اما با این حال برای موفقیت در فروش باید به هر ترتیبی شده متوجه نیازها و خواسته‌های او شوید، هرچند که این کار زمان بسیاری به طول انجامد.

۵- مشتریان کُندعمل؛ نام مستعار: "لاک‌پشتها"

شعار مشتریان کُندعمل این است که "رهرو آن نیست که گه تند و گهی خسته رود / رهرو آن است که آهسته و پیوسته رود"!

آنها طالب امنیت و آرامش هستند. مشتریان کندرو صبور، همدل، و خدمات‌محور هستند و علاقه‌ی زیادی به دریافت خدمات مناسب دارند. اگر می‌خواهید چیزی به آنها بفروشید، خیلی تند نروید و نرمش را پیشه‌ی کار خود سازید.

از طرفی نباید در مقابل افراد کندعمل مدام بر طبل تغییر بکوبید و روی آن تأکید کنید، چون آنها با تغییر ناگهانی میانه‌ی چندانی ندارند و مغز خزنده‌ی آنها بشدت قدرتمند و خودکامه است. نمی‌بایست با در اختیار گذاشتن گزینه‌های فراوان، مشتریان کُندعمل خود را سردرگم کنید. این گروه مادامی که اضطراری وجود نداشته باشد، تصمیم‌گیری نمی‌کنند.

بدین‌رو، فرایندهای تصمیم‌گیری در آنها به کندی صورت می‌گیرد.

به طور کلی بخش موسوم به مغز قدیم یا خزنده که پیشتر با آن آشنا شده‌ایم، در این افراد نقش بسیار پررنگ‌تری دارد. حتی گاهی به‌عنوان فروشنده باید به این فکر کنید که آیا صرف وقت برای افرادی نظیر آنها

ارزش دارد یا خیر!

۶- مشتریان عجول - نام مستعار: "عاملان تغییر"

مشتریان عجول، نقطه‌ی مقابل مشتریان کُندعمل هستند. آنها اهل تغییر و تحول، و سرعت و ریسک‌پذیری‌اند. عاملان تغییر همواره درون خود احساس اضطرار می‌کنند و به همین دلیل به‌سرعت و عجولانه تصمیم می‌گیرند، حتی گاهی بدون آنکه فکر کنند. آنها از شنیدن جزئیات لذتی نمی‌برند و دوستدار در اختیار داشتن حق انتخابهای گسترده هستند.

مشتریان عجول، مشتاق آن هستند که به آنها راه نشان دهید، سپس خود ادامه‌ی مسیر را سریع‌تر از شما طی خواهند کرد. با این گروه انعطاف به خرج دهید و بسته به شرایط‌شان خود را وفق دهید. بهتر است در همان ابتدای فرایند فروش، بهترین محصول خود را بدون فوت وقت به مشتریان عجول معرفی کنید.

حواستان باشد که آنها مشتریان گریزپایی هستند و در صورتی که نیازهایشان به‌سرعت درک نشوند، بی‌درنگ به فروشنده‌ی دیگری مراجعه خواهند کرد.

۷- مشتریان تحلیلگر؛ نام مستعار: "ماشین حسابها"

موفقیت گذشته، شاخصه و راهنمایی برای موفقیت در آینده است؛ مشتریان تحلیلگر به این شعار باوری راسخ دارند. روشهای به اثبات رسیده برای دستیابی به موفقیت و اطلاعات و داده‌های مستدل، از اهمیت بسیاری برای مشتریان تحلیلگر برخوردار هستند. آنها بسیار محتاط و حساب‌شده عمل می‌کنند.

ماشین حسابها پیرو قوانین، فرایندها و استانداردهای به اثبات رسیده‌اند. آنها یک حلال مسأله‌ی تمام‌عیار هستند، چرا که به هنگام حل مسأله، آن

را از زوایای مختلف مورد بررسی قرار می دهند.

اگر می خواهید چیزی به این افراد بفروشید، باید با دادن خوراک اطلاعاتی کافی، زمینه ساز تصمیم گیری شان باشید. توصیه می شود حتی المقدور جزئیات بیشتری در مورد محصول یا خدمات خود در اختیار مشتریان تحلیلگر قرار دهید. هیچ گاه قبل از آنکه عملیات تحلیل و سبک سنگین کردنهای این قبیل مشتریان به پایان نرسیده، آنها را برای تصمیم گیری تحت فشار قرار ندهید، چرا که اینگونه فروش شما با شکست مواجه خواهد شد.

۸- مشتریان نوآور- نام مستعار: "بلندپروازان"

مشتریان نوآور نقطه‌ی مقابل افراد تحلیلگر هستند. آنها تقریباً هیچ ارزشی برای اصول و قواعد قائل نیستند. بلندپروازان بر خلاف تحلیلگران نه می توانند و نه آنکه می خواهند که روشهای کهنه و اثبات شده را امتحان کنند. آنها فارغ از هر قاعده و معیاری، به ایده‌پردازی دست می زنند. آنها در قید و بند امور رسمی و کاغذبازیهای رایج نیستند، و به روشی خلاقانه با مسائل روبه‌رو می شوند.

توفان فکری با مشتریان نوآور، بهترین روش فروش به آنها است، چرا که این روش موجب مطرح شدن ایده‌های نو و بکر می‌شود. به آنها نشان دهید که چگونه همکاری با شما می‌تواند به آنها در جامه‌ی عمل پوشانیدن به ایده‌هایشان کمک کند. در هنگام فروش به نوآوران، دست روی محصولات جدید و با ایده‌های بکر بگذارید، و به بلندپروازیهای آنها پر و بال دهید.

گفتار بیست‌وچهارم
مرگ فروشنده

نمایشنامه‌ی مرگ دستفروش (که از آن با عنوان مرگ فروشنده نیز یاد می‌شود)، یکی از به‌یادماندنی‌ترین نمایشنامه‌های امریکایی است که از دستاوردهای مهم نمایشنامه‌نویسی در قرن بیستم به حساب می‌آید. این نمایشنامه که در سال ۱۹۴۹ به‌وسیله‌ی آرتور میلر، نویسنده‌ی صاحب‌نام امریکایی، به رشته‌ی تحریر درآمده است، یک تراژدی است که تصویرگر زندگی فروشنده‌ای به نام ویلی لومان است. فروشنده‌ای که سال‌ها پیش برای خود صاحب ارزش و اعتبار بوده، ولی اکنون تنها خاطرات روزهای خوب را با خود یدک می‌کشد.

هر چند هدف اصلی میلر از نگارش این نمایشنامه نقد نظام سرمایه‌داری در امریکا است، اما شخصیت‌پردازی دقیق وی، خواننده (و یا بیننده) را قادر می‌سازد تا به زیبایی با هر یک از شخصیت‌های داستان ارتباط برقرار کند و از نزدیک دغدغه‌های آنها را حس کند.

مشاهده‌ی نسخه‌ی سینمایی این اثر ارزشمند با بازی زیبای داستین هافمن، مرا بر آن داشت تا نکاتی را با بازاریابان و فروشندگانی که ممکن است دغدغه‌هایی مشابه دغدغه‌های ویلی لومان داشته باشند، در میان

بگذارم:

۱. شما سه زندگی دارید

بسیاری از ما آنقدر درگیر مشکلات کاری‌مان می‌شویم که در بسیاری از موارد فراموش می‌کنیم کار فقط یک بُعد از زندگی ما است. البته شاید واژه‌ی "مشکلات" درباره‌ی همه‌ی ما کاربرد نداشته باشد، چون برخی آنقدر عاشق کارشان هستند که چیزی بجز آن را نمی‌بینند.

میلر در نمایشنامه‌ی خود تأکید می‌کند که اشتیاق زیاد لومان به فروشندگی، باعث شده وی از دو زندگی دیگرش غافل بماند: زندگی خانوادگی و زندگی معنوی. و اتفاقاً شکست در همین دو زندگی است که تراژدی واقعی را رقم می‌زند و نه شکست در فروشندگی. مرگ فروشنده، مرگ کاری لومان نیست بلکه، نابودی معنوی او و شکست در روابط خانوادگی‌اش است. از ابتدای نمایشنامه که ویلی وارد خانه می‌شود، تا انتهای آن که شاهد مرگ او هستیم، ناتوانی وی در برقراری ارتباط با همسر (لیندا) و دو پسرش (بیف و هپی) به‌وضوح به چشم می‌خورد.

حتی آمدن او به خانه نیز به‌خاطر خانواده‌اش نبوده است و او آنجا است چون یکی از سفرهای کاری‌اش لغو شده است. از طرفی شکست قهرمان داستان در زندگی معنوی‌اش آنقدر مهم و تأثیرگذار است که باعث می‌شود وی چندین بار دست به خودکشی بزند. لومان در حقیقت تنها یک مرده‌ی متحرک است.

موفقیت و شکست در فروش، تنها یک وجه از زندگی یک فروشنده است و در مقایسه با موفقیت در زندگی خانوادگی و زندگی معنوی، از اهمیت بسیار کمتری برخوردار است.

کنث بلانچارد نیز تأکید می‌کند مواظب ترازوی زندگیتان باشید. یک کفه‌ی ترازو، زندگی خانواده است و کفه‌ی دیگر کار است. اگر به هر یک

بیش از حد بها دهید، آن یکی سبک و کم ارزش می‌شود.

۲. خودتان را ریال نبینید

بسیاری از فروشندگان مانند قهرمان داستان، آرتور میلر، خودشان را برابر با آنچه که می‌فروشند می‌دانند. متأسفانه در روزگار ما این فرمول در ذهن بسیاری از فروشندگان جای گرفته است:

"فروشنده = آنچه که می‌فروشد"

وقتی خود فروشنده چنین تفکری دارد، چگونه می‌توان از مدیر فروش و مدیرعامل انتظار داشت که به شخصیت، منش، و اخلاقیات او احترام بگذارند.

درست است که در پایان ماه شما احتمالاً پورسانت چیزی را دریافت می‌کنید که در طول ماه فروخته‌اید، ولی این اصلاً به این معنی نیست که شخصیت شما به‌عنوان یک انسان در حقوق و پورسانت‌تان خلاصه می‌شود. پس تغییر را از خودتان شروع کنید و آن را به اطرافیانتان نیز تعمیم دهید.

۳. بلندمدت بیندیشید

داشتن تفکر بلندمدت باعث می‌شود که یک شکست یا یک پیروزی آنقدر ناامید و سرمست‌تان نکند که مانند ویلی لومان آینده را فدای حال کنید. لومان ۶۳ سال دارد، اما هنوز به ثبات لازم در زندگی‌اش نرسیده است. او آنقدر کوتاه‌مدت فکر کرده که دورترین چشم‌اندازش آخر ماه بوده است. بلندمدت بیندیشید و اگر نیاز به محرکهای انگیزشی دارید، سعی کنید محرکهایی بلندمدت را برای خود طراحی کنید.

همچنین اگر اهل هدفگذاری هستید، روی تحقق یک هدف سرمایه‌گذاری نکنید و برای خود فرایندی با نام فرایند تحقق اهداف را طراحی کنید.

۴. به‌روز باشید

یکی از دلایل اخراج لومان از شرکتی که در آنجا کار می‌کرد، این است که فردی که ریاست شرکت را بر عهده داشته بازنشسته شده و اکنون پسر وی رئیس شده است. آمدن یک فرد جوان‌تر به مجموعه، باعث شده است که روابط و مناسبات تغییر کنند و تفکری جوان‌تر و مدرن‌تر به آن اضافه شود.

این تفکر جوان، فروشنده‌ی سنتی را که به افتخارات گذشته‌اش می‌بالد، برنمی‌تابد و او را اخراج می‌کند. ویلی لومان فروشنده‌ی خوبی است. او باتجربه است و تمام مهارتها و تکنیکهای فروش را می‌داند. اما اینها کافی نیستند، چون او دردی از مشکلات جاری سازمان را درمان نمی‌کند.

خوشبختانه یا متأسفانه، فروشندگان بیش از هر گروه دیگری در کسب‌وکار به تجارب خود وابسته هستند. این اتکا به تجربه‌ی عملی بسیار خوب است، اما در بازاری که الگوها به‌سرعت تغییر می‌کنند و الگوهای قدیمی در یک چشم به هم زدن از بازار حذف می‌شوند، داشتن جدیدترین اطلاعات از ضروریات مهم در کسب‌وکار است. همچنین به یاد داشته باشید که به سیستم وابسته باشید نه به افراد. ممکن است مدیری که بهترین روابط را با شما داشته باشد، به هر دلیلی همین حالا با شما تماس بگیرد و اعلام کند که دیگر در سازمان شما حضور نخواهد داشت. سعی کنید سیستم، بهترین دوست شما باشد.

۵. من فروشنده نیستم، مردم خریدارند

یکی از اشتباهات فروشنده‌ی داستان مرگ فروشنده، این است که فقط می‌گوید من فروشنده‌ام، من می‌فروشم، من فلان مقدار فروختم و... این تفکر اشتباه است چون شما فروشنده نیستید بلکه، مردم خریدار هستند. دوستی داشتم که با مشکلات فراوان توانست فروشگاهی را برای خود

دست و پا، و کسب‌وکارش را آغاز کند.

پس از چند سال که او را دیدم، متوجه شدم چندین فروشگاه دیگر نیز خریداری کرده و اوضاع اقتصادی‌اش بسیار عالی شده است. وقتی علت را جویا شدم، در پاسخ گفت: "من نمی‌خواستم به کسی چیزی بفروشم، این مردم بودند که می‌خواستند از من بخرند". این یعنی تفکر یک برنده.

در پایان به همراهان پیشنهاد می‌کنم نمایشنامه‌ی مرگ دست‌فروش را برای یکبار هم که شده تماشا کنند. به یاد داشته باشید که توجه به زندگی معنوی و خانوادگی، عدم تمرکز ۱۰۰ درصد روی میزان فروش، تفکر و هدف‌گذاری بلندمدت، به‌روز بودن و گفتن اینکه من فروشنده نیستم بلکه، مردم خریدارند، می‌تواند تراژدی زندگی یک فروشنده را به یک کمدی شاد و مفرح و سرشار از لبخند تبدیل کند.

گفتار بیست‌وپنجم
اگر در فکر ارتقای کسب‌وکار خود هستید، فروش را متوقف کنید!

درست شنیدید؛ دست از فروش به مشتریان بالقوه بکشید. شاید فکر کنید این بدترین توصیه‌ای است که تاکنون شنیده‌اید، اما به من اعتماد کنید، این دقیقاً همان چیزی است که مشتریان احتمالی شما می‌خواهند.

خودتان را جای مشتریان بگذارید. آیا از تماس‌های ناخواسته‌ی فروش با دفتر کار خوشحال می‌شوید؟ آیا از یک فروشنده‌ی سمج در یک معامله‌ی اتومبیل خوشتان می‌آید؟ از دیدن تبلیغ تلویزیونی وسط یک برنامه‌ی دوست‌داشتنی که شما را دعوت به خرید می‌کند، چه احساسی به شما دست می‌دهد؟ کسی هست که اینها را دوست داشته باشد؟ اما هنوز شرکت‌های زیادی به این روش بازاریابی و فروش تمایل دارند.

در اینجا مواردی هست که باید آنها را در نظر داشت:

● **نفروشید، کمک کنید:** اگر شما به جای فروش، در فکر کمک به افراد باشید، نگاهی کاملاً متفاوت به شما خواهد شد. برای مثال، زمانی که با یک مشتری احتمالی تماس می‌گیرید، اگر بلافاصله در مورد محصول،

شرکت یا خدمات خود صحبت کنید، مسیر اشتباه را در پیش گرفته است. در این حالت، مشتری احتمالی حالت دفاعی به خود خواهد گرفت. در عوض می‌توانید با سؤالی مثل "چه کمکی می‌توانم به شما بکنم؟" خود را در نقش کسی که قصد کمک دارد معرفی کنید؛ کسی که توجه می‌کند و گوش می‌دهد.

● **از محتوا برای آموزش استفاده کنید:** یک فروشنده باید منبع توصیه‌های مفید باشد. او باید منابع، نظرات، تحقیقات، ویدئوها و داستانهای موفقیت سایر افراد را نزد خود داشته باشد. او باید محتواهایی را که از قبل آماده دارد، به مشتری احتمالی انتقال دهد تا هنگام تصمیم خرید به او اطمینان دهد. این روش در تمایزبخشی به شرکت شما و فرایند فروش شما با سایر افرادی که سخت در حال فروش هستند، بسیار مؤثر است.

● **در یافتن راه‌حل، مشتریان را دخالت دهید:** اگر بدون اینکه از مشتری احتمالی بازخوردی دریافت کنید، اقدام به تهیه‌ی طرح پیشنهادی کنید، در واقع این طرح برای شما است، نه مشتریان. از آنها بخواهید که در ارائه‌ی نظرات و توصیه‌ها فعال باشند تا اگر که موافقتنامه‌ای را دریافت کردند، نسبت به آن بیگانه نباشند. باید آنها را در این فرایندها وارد کنید. مطمئن شوید که به قدر نیاز از آنها سؤال پرسیده‌اید و هر چیزی را که در مورد تدوین مجموعه‌ای از توصیه‌ها لازم است، می‌دانید.

اگر هر دو طرف در تهیه‌ی این موافقتنامه‌ی فروش مشارکت داشته باشند، چگونه ممکن است که آنها نسبت به این توافق اعتراضی داشته باشند؟ و مهمتر از آن، چگونه ممکن است که به فرد دیگری روی بیاورند؟

● **بازاریابی و فروش را همسو سازید:** به نظر مشتری احتمالی عجیب

خواهد آمد اگر شما در بازاریابی به کمک، توصیه، مشاوره، و آموزش بپردازید اما تیم فروشتان بشدت و به هر طریقی در پی فروش باشند. هر دو بخش فروش و بازاریابی، باید همسو باشند و در برخورد با مشتری احتمالی یک رویه را در پیش بگیرند.

اگر از این یکپارچگی برخوردار نباشید، مشتری احتمالی با رنجشی روبه‌رو خواهد شد که موفقیت شما را به تأخیر خواهد انداخت و یا به کلی نابود خواهد ساخت.

نتیجه: شما حتماً از یک فرایند فروش پیروی می‌کنید، حتی اگر از آن آگاه نباشید؛ پس یک بررسی کلی بر روی فرایند فروش خود داشته باشید. مطمئن شوید که اعضای تیم‌فروش شما از توانایی ایجاد اعتماد در مشتریان احتمالی برخوردارند. برای این منظور افراد فروش باید از محتوای آموزشی بهره‌مند باشند. آنها باید با مشتریان تعامل داشته باشند و برای ایجاد مزایا و ویژگی‌ها و تهیه‌ی طرح‌های پیشنهادی تنها از اطلاعات خود استفاده نکنند. اگر به دنبال ایجاد تغییر هستید، باید از فرایند فروش شروع کنید.

گفتار بیست و ششم
گلوگاههای فروش

این سناریو را در نظر بگیرید: شما صاحب یک شرکت حمل‌ونقل هستید و اخیراً با مشکلی در رابطه با ارسال کالا برای یکی از مشتریان مواجه شده‌اید. بارگیری در کارخانه به آسانی صورت می‌گیرد، اما همین که کامیونهای شما به انبار مشتری می‌رسند، یکباره همه چیز در هم می‌ریزد. کامیونها نوعاً شش تا هشت ساعت معطل می‌شوند تا بار تخلیه شود. هر دقیقه‌ای که کامیونها در انتظار تخلیه‌ی بار می‌گذرانند، برای شرکت شما هزینه محسوب می‌شود.

شما تحقیق می‌کنید تا ببینید چه چیزی عامل تأخیر کامیونها می‌شود و در کمال تعجب متوجه می‌شوید که پیش از رسیدن کامیونها به انبار، هیچ کس هماهنگیهای قبلی را انجام نداده است. در نتیجه وقتی کامیونها می‌رسند، ماشینهای انتقال بار در حال کار هستند و کامیونها باید منتظر بمانند تا کار آنها تمام شود.

اکنون به دنبال آن می‌گردید که چرا به انبار اطلاع داده نمی‌شود، در حالی که باید زمان رسیدن کامیونها به انبار با آنها هماهنگ می‌شد. با تحقیق بیشتر پی می‌برید شخصی که مسئول اطلاع دادن به انبار بوده، چند ماه

پیش از شرکت رفته است و وظیفه‌ی او به کس دیگری محول نشده است. بنابراین شما این کار را بر عهده‌ی یکی دیگر از اعضای تیم می‌گذارید و انبار را نیز متقاعد می‌کنید که یک لیفتراک دیگر بخرد و به این ترتیب مشکل حل می‌شود.

رفع این گلوگاه بسیار ساده بود. اما آیا گلوگاه روند کسب‌وکار خود را کشف کرده‌اید؟ حل این مورد سخت‌تر است، چون شناسایی آن دشوارتر است.

گلوگاه چیست؟

گلوگاه فرایندی است که طی آن ورودی سریع‌تر از آنکه مرحله‌ی بعدی بتواند از آن برای ایجاد خروجی استفاده کند، پیش می‌آید. این واژه سرمایه‌هایی مانند اطلاعات، مواد خام، محصولات، یا ساعات کاری را با آب مقایسه می‌کند. وقتی آب از داخل بطری بیرون می‌آید ناچار است از گلو یا شکاف بطری عبور کند. هر چقدر گلوی بطری گشادتر باشد، آب بیشتری (ورودی/سرمایه‌ها) می‌تواند از آن بیرون بریزد. هر چقدر گلوی بطری کوچک‌تر و تنگ‌تر باشد، آب کمتری بیرون می‌آید و در نتیجه در گلوگاه گیر کرده و به پشتیبان نیاز دارد.

دو نوع گلوگاه داریم:

۱ـ گلوگاههای کوتاه‌مدت: این گلوگاهها را مشکلات موقت به وجود می‌آورند. مثال خوب برای این مورد، وقتی است که اعضای اصلی تیم بیمارند و یا به مسافرت رفته‌اند. هیچ‌کس دیگری صلاحیت در دست گرفتن پروژه‌ی آنها را ندارد و به این ترتیب پروژه معوق می‌ماند تا آنها برگردند.

۲ـ گلوگاه بلندمدت: این مورد همیشه پیش می‌آید. یک مثال می‌تواند تأخیر در گزارش ماهانه شرکت باشد که هر ماه تکرار می‌شود، زیرا یک

شخص باید یک سری وظایف زمان‌بر را انجام دهد و تا تمام ارقام تا انتهای ماه به دست او نرسیده، حتی نمی‌تواند کارش را شروع کند.

شناسایی و رفع گلوگاه‌ها بسیار مهم است. آنها ممکن است مشکلات زیادی در رابطه با زیان مالی، مشتریان ناراضی، اتلاف زمان، کیفیت پایین کالا یا خدمت، و استرس اعضای تیم را به دنبال داشته باشند.

چطور گلوگاه‌ها را شناسایی کنیم؟

شناسایی گلوگاه‌ها در قسمت تولیدی بسیار آسان است. در یک خط مونتاژ، می‌توانید انباشته شدن کالا در یک نقطه‌ی بخصوص را مشاهده کنید. در فرایند کسب‌وکار، یافتن گلوگاه‌ها سخت‌تر است.

از خودتان شروع کنید. آیا وضعیت یا شرایطی وجود دارد که هر روز شما را دچار تشویش و استرس کند؟ این ناراحتی‌ها ممکن است نشانه‌ی مهمی از وجود یک گلوگاه در جایی باشد.

برای مثال تصور کنید شما مسئول نظارت بر گزارشی هستید که هر هفته اعضای گروه باید آن را آماده کنند. پس از انجام این کار، باید گزارش را به یکی دیگر از اعضای تیم بسپارید تا آن را در شبکه‌ی داخلی شرکت قرار دهد. با این حال به خاطر حجم کار بالا، ساعت‌ها گزارش روی میز شما می‌ماند و بنابراین شخص بعد ناچار است تا بعد از وقت اداری در شرکت بماند تا بتواند گزارش را در شبکه قرار دهد. این باعث ایجاد استرس زیاد در شما و همکارتان می‌شود. در این سناریو، گلوگاه شما هستید.

در زیر، چند نشانه‌ی دیگر از گلوگاه‌ها را می‌بینید:

● **زمان انتظار طولانی**: برای مثال کار شما با تأخیر انجام می‌شود، زیرا باید به انتظار یک محصول، گزارش، یا اطلاعات خاصی بمانید. یا مواد خام در مراحل میانی تولید یا کسب‌وکار، در انتظار باقی می‌مانند.

● **کار ناتمام**: در یک سو کار زیادی انباشته شده و در سوی دیگر کار

زیادی برای انجام موجود نیست.
- **سطح بالای استرس**

دو ابزار به شناسایی گلوگاهها کمک می‌کنند:

۱- فلوچارت (نمودار گردشی)

استفاده از یک فلوچارت (نمودار گردشی)، در شناسایی گلوگاهها به شما کمک می‌کند. نمودار گردشی، سیستمی است که هر مرحله را به صورت نمادهای تصویری دنبال هم می‌چیند تا پیگیری آن راحت‌تر باشد. وقتی نقشه‌ی یک فرایند را پیاده می‌کنید، یافتن مشکلات آسان‌تر می‌شود. بنشینید و هر مرحله‌ای را که فرایند شما برای عملکرد بهتر به آن نیاز دارد را روی کاغذ بیاورید.

برای مثال، در مورد کامیونهایی که پیشتر توضیح دادیم، ممکن است فلوچارت آن به این صورت باشد:

مرحله‌ی ۱- کالاها در کارخانه تولید می‌شوند.
مرحله‌ی ۲- کالاها در کامیونها بارگیری می‌شوند.
مرحله‌ی ۳- به انبار اطلاع داده می‌شود که کامیونها در راه هستند.
مرحله‌ی ۴- انبار با یک لیفتراک برای ورود کامیونها آماده می‌شود.
مرحله‌ی ۵- کامیونها به انبار می‌رسند و تخلیه‌ی بار شروع می‌شود.

در این مورد، تأخیر کامیونها به علت اجرا نشدن مرحله‌ی ۳ و ۴ است. و همین باعث تأخیر طولانی در مرحله‌ی ۲ و ۵ می‌شود. تهیه‌ی فلوچارت قبل از تحقیق درباره‌ی مشکل، کمک بزرگی در شناسایی سریع مرحله‌ی مشکل‌آفرین داشته است.

۲- تکنیک پنج چرا

تکنیک "پنج چرا"، نیز در رفع گلوگاه به شما کمک می‌کند. برای شروع،

مشکلی را که می‌خواهید رفع شود، تعیین کنید. بعد به عقب برگردید و از خود بپرسید چرا این مشکل به‌وجود می‌آید؟ همین‌طور "چرا"های مختلف را در هر مرحله بپرسید تا به ریشه‌ی علت برسید.

دوباره به مثال کامیون برمی‌گردیم. از ابتدا آغاز کنید و تصور کنید که هیچ ایده‌ای درباره‌ی اینکه چرا کامیونها با تأخیر مواجه می‌شوند ندارید. کامیونها مجبورند چند ساعت در انبار متوقف شوند.

- **چرا؟** چون لیفتراک برای تخلیه‌ی کامیونها در زمان ورود در دسترس نیست.
- **چرا؟** چون تنها یک لیفتراک وجود دارد که در جای دیگری از آن استفاده می‌شود. انبار از ورود کامیونها مطلع نبوده، و برای همین لیفتراک را آماده نگه نداشته است.
- **چرا انبار از ورود کامیونها اطلاع نداشته است؟** چون هیچ‌کس از قبل با آنها هماهنگ نکرده است.
- **چرا هیچ‌کس هماهنگی را انجام نداده بود؟** زیرا آن عضو تیم که کار او هماهنگی با انبار بود، دیگر در اینجا کار نمی‌کند و هیچ‌کس برای انجام این کار تعیین نشده است.

و راه‌حل پیدا می‌شود. نبود یک عضو در تیم، علت ریشه‌ای این مشکل است. و راه‌حل ساده‌ی آن هم سپردن این وظیفه به شخص دیگر است.

با برگشت به عقب و شناسایی ریشه‌ی مشکل، می‌توانید دقیقاً ببینید که برای حل مشکل به چه تغییری نیاز دارید.

چگونه گلوگاه را رفع کنیم

برای رفع گلوگاهها، دو گزینه پیش رو داریم: ۱- افزایش کارآیی مرحله‌ی گلوگاه، ۲- کاهش ورودی به مرحله‌ی گلوگاه.

در مثال کامیون، راه‌حل بدیهی افزایش کارآیی با مطلع کردن انبار است. اینکه چطور در موقعیتهای دیگر بتوانید کارآیی را افزایش دهید، تا حد زیادی به ماهیت روندی که در دست دارید بستگی دارد اما در کل به توصیه‌های زیر توجه کنید :

● حصول اطمینان از اینکه هرچه که به داخل گلوگاه تزریق می‌شود، عاری از نقص باشد. با انجام این کار می‌توانید مطمئن باشید که منابع باارزش گلوگاه را با استفاده از آن برای پردازش مواد خامی که بعدها کنار می‌گذارید به هدر نخواهید داد.

● در گلوگاه، فعالیتهایی را که انجام آن به‌وسیله‌ی افراد یا ماشین‌آلات دیگر ممکن است، جدا کنید.

● از بهره‌ورترین اعضای تیم و تکنولوژی برای روند گلوگاه استفاده کنید.

● در روند گلوگاه، ظرفیت را افزایش دهید.

گزینه‌ی دیگر یعنی کاهش ورودی ممکن است در ابتدا غیرعاقلانه به نظر آید. اما اگر یک قسمت از روند، پتانسیل تولید خروجیِ بیشتر از نیاز نهایی یا مدیریت را داشته باشد، آن‌وقت این گزینه پاسخ مناسبی است. ممکن است در وضعیتی قرار گیرید که میزان موجودی کالای در حال ساخت را پس از مرحله‌ای که با کارآیی بالا فعالیت می‌کند افزایش دهید.

برای مثال، دوربینهای سرعت‌سنج می‌توانند از رانندگان زیادی که حد مجاز سرعت را رعایت نمی کنند عکس بگیرند. با این حال هر تناقض سرعتی باید پردازش شود که سبب تحمیل هزینه می‌شود. دوربینها ممکن است بیشتر از توان دپارتمانها برای پردازش تصاویر، عکس بگیرند. بنابراین بسیاری از دوربینها طوری برنامه‌ریزی می شوند که فقط رانندگانی را که تا حد بخصوصی بالاتر از سرعت مجاز حرکت می‌کنند، شناسایی کنند یا فقط در ساعات مشخصی از روز و روزهای بخصوص هفته فعالیت کنند.

در نتیجه ورودی سیستم تا حدی که توان پردازش آن وجود داشته باشد کاهش می‌یابد.

گلوگاهها ممکن است عامل مشکلات مهمی در شرکت شوند که شناسایی علل ریشه‌ای آنها اهمیت زیادی دارد. به دنبال نشانه‌های نوعی گلوگاه بگردید مانند کاری که معوق مانده، انتظار مردم، مواد خام یا تشریفات اداری. و استرس بالای ناشی از یک کار یا روند. برای حصول اطمینان از شناسایی علت ریشه‌ای (و نه فقط یکی از معلولها)، از یک فلوچارت یا تکنیک پنج چرا استفاده کنید.

فصل سوم

افزایش فروش در زمان رکود

گفتار بیست‌وهفتم
خون تازه در رگهای فروش

بحران اقتصادی مدتها است که گریبان بسیاری از سازمانهای کوچک و بزرگ را گرفته است. بسیاری از بنگاههای اقتصادی با افت فروش روبه‌رو هستند. به هر ترتیب، شرایط بحرانی را می‌توان آمیزه‌ای از فرصتها و تهدیدات دانست، و این به معنای آن است که می‌توان بهره‌برداری هوشمندانه و مناسبی را از شرایط بحرانی کرد و در نهایت به افزایش فروش دست یافت. فروشندگان به‌عنوان عاملان فروش می‌توانند با رعایت چند نکته شاهد تحولات معناداری در میزان فروش خود باشند. در این گفتار، به برخی از این نکات اشاره می‌شود.

عوامل سازمانی
- **مشتریان فعلی را در اولویت بگذارید**

مهمترین و اولین نکته در خروج از شرایط بن‌بست اقتصادی، این است که مواظب حفظ مشتریان فعلی‌مان باشیم. اندکی پیرامون این مسأله تأمل کنید که چگونه می‌توانید خدمات خود به مشتریان فعلی‌تان را هم از نظر کمّی

و هم کیفی ارتقا دهید.

همان‌طور که بارها شنیده‌ایم، جذب یک مشتری جدید چندین برابر حفظ مشتریان فعلی، مستلزم صرف زمان و هزینه است. البته در شرایطی که میدان رقابت بسیار سنگین است، رقبا همواره سعی دارند که به نوعی مشتری شما را جذب کنند. این مسأله ضرورت احیای فرایندهای تکریم مشتریان و مشتری‌نوازی در سازمان را مطرح می‌کند.

مشتریان فعلی آگاهی بیشتری نسبت به شرایط سازمان ما دارند و نیز به دلیل نقش ما در توسعه‌ی منافع خود، قدردانمان هستند؛ پس باید هر طور که شده و از طریق غنابخشی به خدمات ارزش‌افزای خود، به تعمیق روابط خود با آنها بپردازیم. به طور کلی، هر برآوردی باید شامل ارزیابی و بررسی راهکارها و چگونگی افزایش دادوستد با مشتریان فعلی باشد. همانگونه که دیوید اگیلوی اشاره می‌کند، سرمایه‌گذاری بازاریابی روی مشتریان فعلی، می‌تواند بارها مهمتر از مشتریان آتی شرکت باشد. نکته‌ی مهم، دانستن این مطلب است که بزرگترین منبع سودآوری و افزایش فروش سازمان ما از مشتریانی ناشی می‌شود که ما را می‌شناسند و در حال حاضر محصولاتمان را خریداری می‌کنند.

امروزه با افزایش فشارهای اقتصادی و ازدیاد تنشهای موجود در فضای کسب‌وکار بویژه در زمینه‌ی یافتن مشتری، صاحبان تجارت معمولاً اهمیت نگه داشتن مشتریانشان را فراموش می‌کنند.

با این شرایط، یک مشتری هم یک مشتری است و به قول معروف غنیمت است. پس رفتارهای سرد و بی‌تفاوت با مشتریان را کنار بگذارید و آنها را ولی نعمت خود بدانید. خدمات و محصولات خود را برحسب نیازها و درخواستهای مشتریانتان ارائه کنید.

هنر وفادار کردن مشتریان را بیاموزید و برنامه‌های مشتری‌نوازی را در سازمانتان اجرایی کنید. کارمندان را آموزش دهید و در برابر آنها پاسخگو

و مسئول باشید، تا بتوانید ارتباطات خود را حفظ کنید و گسترش دهید.

● روانشناسی موفقیت با تفکر استراتژیک

وقوف به اهمیت روانشناسی موفقیت و پرداختن به آن، دیگر عامل مهم در مدیریت بحران و نوشداروی سازمانها در شرایط بحرانی است. اتخاذ رویکر روانشناسی موفقیت، مستلزم آن است که با تفکر استرتژیک به تعریف موفقیت بپردازیم.

در شرایطی که عوامل مزیت‌ساز رقابتی سریعاً در حال تغییر و تحول هستند، می‌توان با قطعیت گفت که فهم و تشخیص مستمر این تغییرات، تنها مزیت رقابتی پایدار به شمار می‌رود. تفکر استراتژیک به‌عنوان ابزار این ادراک به ما کمک می‌کند تا تشخیص دهیم که کدام یک از عوامل در دستیابی به موفقیت مؤثر هستند و کدام یک نیستند.

بنابراین، تعریفی که قبلاً در خصوص موفقیت وجود داشت، با تعریف حال حاضر متفاوت است. در حال حاضر موفقیت منوط به بقا و بالندگی است، حال آنکه در گذشته موفقیت را تنها برابر با رشد حداکثری می‌گرفتند. بدین‌رو تعریف امروز ما از موفقیت عبارت است از بقا به همراه رشد. بنابراین قبل از هر تحولی، می‌بایست در نوع نگرش خود تغییر ایجاد کنیم. اما مهمترین نکته در تغییر نگرش، تأمل پیرامون این موضوع است که به‌عنوان یک فروشنده چگونه می‌توان به بهترین شکل، خود را از سایرین متمایز کرد.

در هیاهوی رقابتی حاضر، تمایز نسبت به گذشته مهمتر شده است. تمایز در سادگی، متفاوت بودن، و ارزش‌آفرینی خلاصه می‌شود، لذا لازم است که فروشندگان با ایجاد تغییر در نوع نگرش خود از طریق ایجاد ارزش افزوده، ارائه‌ی خدمات باکیفیت‌تر و بیشتر و یاری رساندن به مشتری به تمایز دست یابند.

● نوآوری؛ تقلید نوآوری

نوآوری دیگر اصل مهم در درمان بحران فروش است. فروشندگان می‌بایست همواره در این اندیشه باشند که چگونه می‌توان کارهای معمول را به گونه‌ای متفاوت انجام داد. تحول‌گرایی مستلزم آن است که گاه دنیا را از دریچه‌ی دید دیگران ببینیم. مقصود از دیگران در اینجا، افراد موفق و نوآور است. بنابراین فروشنده می‌بایست با افراد موفق در حرفه‌ی خود در تماس و تعامل باشد و از عینک آنها مسائل را ببیند و بیاموزد که آنها چگونه با شرایط روبه‌رو شده و با مشکلات دست‌وپنجه نرم می‌کنند.

● بهره‌گیری از فناوری

مورد بعدی که از اهمیت بسیاری در فضای فعلی کسب‌وکار برخوردار است، استفاده از فناوری در جهت سرعت‌بخشی به فرایندها و فعالیتهای فروش است.

فناوری می‌بایست در خدمت تقویت شایستگیها و توانمندیهای ما قرار گیرد. فناوری امکان ارتباط اثربخشتر با مشتریان را فراهم می‌کند و ابزارهای جدید بازاریابی و فروش را در اختیارمان می‌گذارد؛ از سویی ابزارهای جدید مبتنی بر فناوری در بخش تحقیقات بازار و رفتارشناسی مشتریان نیز رواج یافته‌اند.

فناوری بر دقت و سرعت کارها می‌افزاید. امروزه اینترنت بستری بسیار مناسب برای گسترش فعالیتهای فروش، تبلیغات، آموزش، و... است.

عوامل فردی

● یادگیری

از طرف دیگر فروشنده‌ها باید به‌صورت مداوم از نظر دانش به‌روز باشند و مغز خود را تغذیه کنند. انواع کتابهای فروش و بازاریابی، نشریات، فیلمها

و... همگی ابزارهایی مناسب برای یادگیری هستند.

هرقدر که یک فروشنده بیشتر یاد بگیرد، بیشتر خواهد فروخت و درآمد بیشتری کسب خواهد کرد. یادگیری، یک مسیر بی‌پایان برای اهالی بازاریابی و فروش است.

● مهندسی ارتباطات و مشورت‌جویی

نکته‌ی بعدی این است که یک فروشنده‌ی زبده می‌بایست از دانش مهندسی ارتباطات آگاه باشد. او باید به‌طور دقیق مراقب باشد که با چه کسانی در ارتباط است.

متأسفانه سنگین شدن عرصه‌ی رقابت، موجب شده تا محیط کاری اندکی ابهام‌آمیز شود. لذا فروشندگان باید با افراد باتجربه در ارتباط باشند و از افراد اصلح مشاوره بگیرند. بویژه زمانی که تجربه‌ی کافی ندارید، حتماً برای خود یک مربی یا مشاور داشته باشید و با آنها رایزنی کنید. آنها چند پیراهن بیشتر از شما پاره کرده‌اند و بقای آنها تا به امروز، نشان از آبدیده شدن‌شان است.

آنها توانسته‌اند در این محیط متلاطم بقا یابند و رشد کنند، بنابراین باید به خرد آنها احترام گذاشت و از آن بهره‌برداری کرد.

● مدیریت بر خویشتن

برقراری توازن میان زندگی شخصی و کاری، دیگر اصل بسیار مهم در احیای فروش است. فروشندگان می‌بایست زمانی را به خود و خانواده‌ی خود اختصاص دهند. آنها باید زمانی را نیز به فکر کردن اختصاص دهند. تفکر شکل آزمایشی عمل است. حال آنکه تفکر ارزان‌قیمت بوده اما عمل کردن هزینه‌بردار است.

افراد در شرایط بحرانی سخت می‌توانند بر خویشتن مدیریت کنند و

احساسات خود را مهندسی کنند و لذا بسیاری از اعمال آنها محکوم به شکست است. اما چنانچه قبل از عمل فکر کنیم، می‌توانیم هدفمندانه‌تر، مطمئن‌تر، و هوشمندانه‌تر عمل کنیم.

نقاط قوت خود را شناسایی کنید و برای رفع نقاط ضعفتان برنامه‌ریزی کنید. مدیریت بر خویشتن، مستلزم یادگیری برخی مهارتهای شخصی از جمله در زمینه‌ی مهارتهای افزایش کانون کنترل درونی، مهارتهای ایجاد عزت نفس و اعتمادبه‌نفس، مهارتهای خودآگاهی، مهارتهای آگاهی از امور صحیح و نقاط قوت و ضعف، مهارتهای هدفگذاری، و مهارتهای خودارزیابی است.

چندان تفاوتی نمی‌کند که در چه سازمانی مشغول به کاریم؛ نکته‌ی مهم این است که با دیدی جامع‌نگر از تمام فرصتهایی که در اختیارمان قرار می‌گیرد، به بهترین نحو ممکن بهره‌برداری کنیم. لازمه‌ی دستیابی به این مهم، تسلط بر خویشتن و برقراری توازن درونی است. تسلط بر خود و مدیریت بر خویشتن، کلید موفقیت است.

یک فروشنده‌ی خوب شناختی خوب از خود دارد، او چشم‌انداز خود را می‌بیند و می‌داند که واقعاً به دنبال چه چیزی است.

گفتار بیست‌وهشتم
رکود اقتصادی؛
افزایش فروش

سال ۱۸۲۵ میلادی بود که اولین بحران بزرگ اقتصادی گریبانگیر کشور انگلستان شد و هر از چند گاهی کشورهایی را که وارد مرحله‌ی سرمایه‌داری شده بودند در خود غرق می‌کرد.

بحران اقتصادی نه پدیده‌ی تازه‌ای است و نه منحصر به جوامع خاص می‌شود؛ جوامع غربی و حتی کشورهای مشرق زمین بارها دچار بحران اقتصادی شده‌اند و بارها نیز با اتخاذ مجموعه‌ای از راهکارها و تدابیر، از بحران‌ها عبور کرده‌اند. شاید در دسترس‌ترین روش برای عبور از بحران ۷۰۰ سال قبل، به‌وسیله‌ی سعدی، شاعر پرآوازه‌ی مشرق‌زمین مطرح شد: "چو دخلت نیست، خرج آهسته‌تر کن!" با این همه، کسب‌وکارهای موفق آن دسته از کسب‌وکارهایی هستند که حتی با وجود بروز رکود و یا بحران‌های مالی و اقتصادی باز بتوانند به حیات خود ادامه دهند، چرا که مدیران آن‌ها با نگرش راهبردی و تفکر استراتژیک نسب به سرمایه‌گذاری، به‌جای قرار دادن کسب‌وکار خود در یک چارچوب سنتی و انعطاف‌ناپذیر آن را در شرایط استراتژیک تعریف می‌کنند و نوآوری را پیشه‌ی خود می‌سازند.

آل ریس، از برجسته‌ترین صاحب‌نظران در زمینه‌ی بازاریابی و برندسازی، معتقد است که شرکت‌هایی که برای خود و یا محصولاتشان به صورت حساب‌شده برند و جایگاهی مناسب در ذهن مشتریان می‌سازند و از طریق جایگاه خود در ذهن مشتری، ایشان را به خویشتن وفادار می‌سازند، به راحتی نمی‌میرند و حتی به‌واسطه‌ی بحران نیز به مسلخ نابودی کشیده نخواهند شد.

برای مثال، زنجیره فروشگاه‌های اپل استور (Apple Store) از جمله الگوهای شاخص خرده‌فروشی هستند، که همواره سرمشق بسیاری از فعالان این میدان بوده‌اند.

نوآوری، الگوبرداری حساب‌شده، منحصربه‌فرد بودن و پرهیز از کپی‌کاری، چاشنی اصلی فروشگاه‌های اپل است. استیو جابز، مدیر فقید اپل، هنگام طراحی گوشی آیفون، این سؤال را از خود نکرد که چگونه تلفنی بسازیم که بتواند ۲٪ از سهم بازار را بگیرد بلکه، از خود پرسید که چگونه یک گوشی همراه جدید را از نو اختراع کنیم!؟ خرده‌فروشان نیز باید با دنباله‌روی از چنین خط فکری، از خود سؤال کنند که چگونه فروشگاهی را از نو ابداع کنیم که بتواند بر غنا و کیفیت زندگی و تجربه‌ی مشتریان بیفزاید.

همواره به یاد داشته باشیم که برندهای نوآور حتی در دوران افول و رکود اقتصادی نیز همواره مشتریانی وفادار دارند.

در همین راستا، تنی چند از متخصصان دانشکده‌ی کسب‌وکار هاروارد بر آن شدند تا فهرستی از سبک‌های نوآورانه‌ی فروشگاه‌داری و خرده‌فروشی را تهیه کنند. کسب‌وکارهای نوگرایی که حتی در اوج رکود از نفس نمی‌افتند و همچنان به رشد خود ادامه می‌دهند. راهبردهای تازه و متمایز این قبیل کسب‌وکارها می‌تواند دریچه‌ی فکری جدیدی را پیش روی ما بگشاید.

پارکهای موضوعی خرید و آموزش- فروشگاهها

تکنیکهای بازاریابی حسی- تجربی که اخیراً به‌وسیله‌ی برندهای بسیاری مورد استفاده قرار گرفته، از جذابیت بسیاری نزد مشتریان برخوردار است.

این تکنیکها را می‌توان در فضای باز و حتی در قالب یک مجتمع بزرگ خرید پیاده‌سازی کرد. پارکهای موضوعی خرید از آخرین پیشرفتها در زمینه‌ی بازارایابی حسی هستند که یک تجربه‌ی خرید بی‌بدیل را در اختیار بازدیدکنندگانشان قرار می‌دهند.

یونیقلو (Uniqlo) از جمله خرده‌فروشان مطرح ژاپنی در زمینه‌ی مد و پوشاک است که بتازگی یک پارک موضوعی خرید بزرگ را در خیابان معروف پنجم نیویورک افتتاح کرده است. بازدیدکنندگان به محض ورود به این پاساژ عظیم، محو خلاقیت به کار رفته در آن خواهند شد، چرا که این مرکز از طراحی متفاوتی به نسبت دیگر مراکز معمول خرید پوشاک برخوردار است. در سراسر این پارک خرید، صدها ماکت و نمایشگر نصب شده است که خطوط تولید جدید و محصولات این شرکت را به نمایش می‌گذارند و انسان را غرق در تجربه‌ی قدم زدن در یک کارخانه‌ی تولید البسه می‌کنند.

اینجا به یک پارک موضوعی مُد و لباس با فناوری پیشرفته شبیه است که لذت فراوانی را نصیب خریداران می‌کند. نوآوران در عرصه‌ی خرده‌فروشی کار را به همین‌جا ختم نمی‌کنند و امروزه محلهایی که به نام فروشگاه شناخته می‌شود، به مراکزی برای ساختن یک زندگی بهتر برای مردم تبدیل می‌شوند. برای مثال، برخی از مراکز فروش غذای سالم، اقدام به برگزاری کلاسهای آموزش آشپزی غذاهای سالم و مقوی می‌کنند.

آموزش- فروشگاهها، همانند یک مدرسه‌ی آموزشی برای مشتریان و کارمندانشان عمل می‌کنند.

در این میان، بزرگترین زنجیره‌ی خرده‌فروشی اسپانیا به نام مرکادونا

(Mercadona) با کمترین هزینه و با ارائه‌ی نازل‌ترین قیمت‌ها، خدمات سفارشی و شخصی‌سازی‌شده به مشتری ارائه می‌کند. جالب آنکه مقوله‌ی آموزش به کارکنان، از اهمیت فوق‌العاده‌ای در این زنجیره برخوردار است و کارمندان این مجموعه ۲۰ برابر بیشتر از دیگر خرده‌فروشان آموزش می‌بینند. آن‌ها بخوبی هوای مشتری را دارند و مشتری‌ها نیز هوای آن‌ها را دارند. گفته می‌شود که آموزش به کارکنان، پادزهر بحران و عاملی مهم در مقابله با رکود اقتصادی است.

فروشگاه‌های لحظه‌ای یا موقت (Pop-Up Stores)

چندی پیش، به دلیل عدم توازن میان تعداد عرضه‌کنندگان و تعداد مشتری و نیز تعداد اندک عرضه‌کنندگان و به همین علت محدودیت قدرت انتخاب، خرید کردن امری کسالت‌آور و از سر اجبار به شمار می‌رفت. اما امروزه با تغییر سبک زندگی و ذائقه‌ی مصرف‌کنندگان و نیز رشد فزاینده در تنوع و تعداد فروشگاه‌ها، خرید به امری لذت‌آور و بعضاً آموزنده تبدیل شده است.

نخستین بار در سال ۱۸۵۲ میلادی، بازرگانی فرانسوی به نام آریستید بوسیکو (Aristide Boucicaut) بود که با تأسیس فروشگاه کوچکی به نام بن‌مارشه برای فروش اجناس خرازی و منسوجات، اندیشه‌ی ایجاد فروشگاه‌های بزرگ را محقق کرد.

گفتنی است که پرفروش‌ترین شرکت دنیا و بزرگ‌ترین خرده‌فروشی جهان نه یک شرکت نفتی و نه یک سازنده‌ی اتومبیل بلکه، فروشگاه‌های زنجیره‌ای وال‌مارت است که با فروش سالانه بیش از نیم تریلیارد دلاری خود در صدر این فهرست قرار دارد.

مفهوم فروشگاه روزبه‌روز اشکال تازه‌ای به خود می‌گیرد. برای مثال، فروشگاه‌ها و یا خرده‌فروشی‌های لحظه‌ای مدتی است که در میان برخی

خرده‌فروشان مطرح جهان از جمله ایی‌بی (eBay) رواج یافته‌اند. نخستین‌بار شرکت خرده‌فروشی امریکایی وکنت (vacant) بود که مفهوم فروشگاههای موقت را در سال ۱۹۹۹ مطرح ساخت. ایده‌ی این کار زمانی به ذهن دست‌اندرکاران این شرکت رسید که آنها رهسپار سفری کاری به شهر توکیو شده بودند.

آنها در توکیو با خرده‌فروشانی مواجه شدند که در زمینه‌ی بازاریابی جاویژه یا اصطلاحاً دنج (Niche Marketing) فعال بودند، و مشتریان بسیاری در صف می‌ایستادند تا از محصولات تیراژ پایین‌شان خرید کنند.

روال کار در این قبیل فروشگاهها به گونه‌ای بود که به محض فروش رفتن تمامی محصولات، آن هم معمولاً ظرف تنها چند ساعت، فروشگاه تا دریافت محصولات جدید بسته می‌شد. وکنت امروزه مبتنی بر چنین مدلی پروژه‌های خرده‌فروشی موقت بسیاری را برای برندهای مختلف اجرایی کرده است.

این قبیل استراتژیها بویژه در دوران رکود و گرانی اجاره‌بها و تملک فضا، بسیار کارآمد بوده‌اند. تکنیکهای خرده‌فروشی موقت در حال حاضر مورد استفاده‌ی تعدادی از کمپینهای برترین شرکتهای جهانی مثل تارگت (Target)، گوچی (Gucci)، لوئی ویتون (Loui Vuitton)، کولت (Colette) و... هستند، ضمن آنکه از سوی بسیاری از فعالان عرصه‌های مختلف کسب‌وکار از جمله بنگاههای معاملات ملکی، تولیدکنندگان و فروشندگان مد و لباس، محصولات ویژه و خاص، محصولات سفر و گردشگری و... به کار می‌روند.

فروشگاههای مردم‌نهاد

مصرف‌کنندگان در چنین آشفته‌بازاری، اقبال فراوانی به خرید محصولات دست‌ساز و خوش‌قیمت دارند، دست‌سازه‌هایی که هر یک ماجرایی

شنیدنی پشت لوای ظاهری خود دارد. از نحوه‌ی ساخت آن گرفته تا اینکه مثلاً از چه چیزی الهام گرفته شده است. مطابق آنچه که از بازاریابی روایتی آموخته‌ایم، شنیدن داستان و روایتی از محصول، ما را مشتاق به خرید آن می‌کند.

خرده‌فروشی آنلاین اتسی (ETSY) با درک این مهم توانسته بخوبی از رقبا پیش افتد و محصولاتی متمایز با قیمت مناسب را در اختیار مصرف‌کنندگان قرار دهد. ضمن آنکه ابتکار این شرکت موجب رونق اقتصاد خانوارها نیز می‌شود، چرا که شما می‌توانید محصولات طراحی خود را در آن به فروش برسانید.

از جان مرغ تا شیر آدمیزاد؛ آن هم با کمترین بها. این شعار فروشگاه‌های مردم‌نهاد مثل اتسی است.

گفتار بیست‌ونهم
چگونه در شرایط نامساعد اقتصادی فروش کنیم؟

راجر دولی، یکی از بزرگان علم نورومارکتینگ است. وی کتاب ارزنده‌ی برین فلوئنس (BrainFluence) را تألیف کرده است و حدود هزار یادداشت و جستار در حوزه‌ی نورومارکتینگ نشر کرده است، وی اعتقاد محکمی دارد که نورومارکتینگ می‌تواند نوشداروی شفابخش اقتصاد در شرایط بغرنج کنونی باشد.

به اعتقاد دولی، این روزها مردم کمی مقتصد شده‌اند و گرفتار عارضه‌ای به نام "درد خرید" شده‌اند. این عارضه‌ی اقتصادی بیشتر در مغز مشتریان پدیدار می‌شود؛ البته آسیب آن نه برای مشتری بلکه، برای فروشندگان است، چرا که موجب کاهش خرید به‌وسیله‌ی مصرف‌کنندگان می‌شود. به هر ترتیب نورومارکتینگ ترفندهایی برای برطرف کردن درد خرید دارد که در ادامه به آن پرداخته می‌شود:

۱- چانه‌زنی آری یا خیر؟
مشتریان عاشق چانه‌زنی هستند؛ افراد مقتصد بویژه قیمتهای بالا را

نمی‌پسندند. با این همه، عامل قیمت و بازی با آن، شاید مهمترین ابزار برای مقابله با آثار رکود اقتصادی و رکود فروش باشد.

در یک موقعیت فروش مستقیم که می‌توان قیمت را دستکاری کرد، تخفیف می‌تواند به بستن معامله کمک شایان توجهی کند. البته ارائه‌ی تخفیف نیز آدابی دارد، و هر فروش نیز نباید تخفیف بخورد. اما کارشناسان نورومارکتینگ روش "تخفیف ذهنی" را به شما پیشنهاد می‌دهند؛ روشی که به‌وسیله‌ی آن حتی یک ریال هم از قیمت اصلی کاسته نمی‌شود!

در این روش تنها کافی است تا کمی صورت مسأله را در ارائه‌ی قیمت تغییر دهید. برای مثال، اگر هزینه‌ی اشتراک سالانه‌ی نهادی ۱۲۰ هزار تومان باشد، می‌توان آن را به‌صورت تنها ماهی ۱۰ هزار تومان، و یا فقط روزی ۳۳۳ تومان مطرح کرد.

۲- از تحریک مکرر بخش اقتصادی مغز مشتریان بپرهیزید

راجر دولی برای توضیح این اصل، مثالی از یک رستوران دریایی را مطرح می‌کند. این رستوران با قیمت‌گذاری تک به تک اقلام و خوراکیها، موجب کاهش سودآوری خود شده بود.

علاوه بر این، قیمت‌گذاریهای اصطلاحاً قطره‌چکانی، موجب آزار بخش اقتصادی مغز مشتریان می‌شود و آنها را سردرگم و نسبت به خرید دلسرد می‌کند. در عوض قیمت‌گذاری جامع، راهکاری مناسب برای این کسب‌وکارها است. این رستوران با اجرای سیاست عرضه‌ی بسته‌های خوراکی و قیمت تجمیعی توانست بر مشکلات خود غلبه کند. البته این ترفند مناسب همه‌ی کسب‌وکارها نیست؛ برای مثال، فروشگاههای زنجیره‌ای و خرده‌فروشیها نمی‌توانند از قیمت‌گذاری جامع و یا سبدی بهره ببرند، چرا که طیف محصولات آنها موجب ضرورت یافتن قیمت‌گذاری تک به تک می‌شود.

۳- بسته‌ای از محصولات را عرضه کنید و قیمت سبد را ارائه دهید

این مورد کمی شبیه به مورد دوم است. به گواه یکی از متخصصان نوروواکونومی، جرج لاونشتاین، قیمت‌گذاری بسته‌ای و یا قیمت‌گذاری پکیجی، موجب تسکین عارضه‌ی درد خرید می‌شود.

او مثالی را نیز در این حوزه بیان می‌دارد؛ لاونشتاین به تجمیع و پکیج‌سازی قطعات و لوازم اتومبیل، مثل صندلیهای با روکش چرم، موتور توربو، و... اشاره می‌کند، که در نهایت تمام این اقلام تجمیع و با عنوان یک بسته‌ی لوکس (اتومبیل) عرضه می‌شوند. حال فرض کنید که قرار بود اقلام این بسته به صورت جداگانه به فروش رود و نهایتاً به‌وسیله‌ی مشتری سر هم شود؛ در این صورت مشتری ناگزیر بود تا بر سر هر یک از قطعات ریز و درشت به تفکر و تصمیم‌گیری بپردازد و پیش خود حساب کند که آیا این قطعه ارزش این مقدار قیمت را دارد یا خیر.

۴- نیازهای اساسی را شناسایی و بر حسب آن پیشنهاد دهید

میزان کارآیی و خوش‌ساخت بودن و همچنین قیمت مناسب، از جمله نیازهای مشتریان کنونی است؛ بدین‌رو بهتر است پیام فروش شما مبتنی بر تأمین چنین نیازهایی باشد و موارد حاشیه‌ای را در درجات بعدی اهمیت قرار دهد.

۵- مراقب ادبیات فروش خود باشید

گاه جابه‌جایی و جایگزینی واژگان می‌تواند به افزایش قابل توجه فروش منجر شود.

به یاد بیاوریم ماجرای معروف بی‌خانمانی که با استفاده از ترفندی که یک استاد نورومارکتینگ (پاتریک رنوواز) به او آموخته بود، پول زیادی به دست آورد. ماجرا از این قرار بود که چند سال پیش پاتریک رنوواز، یکی

از نویسندگان و بنیانگذاران مؤسسه‌ی سیلزبرین (SalesBrain)، مشغول رفتن به یک رستوران بود، که در همین حین یکی از همین افراد بی‌خانمان با پلاکاردی به سینه به او نزدیک شد؛ روی این تکه کاغذ نوشته شده بود "به من بینوا کمک کنید".

در واقع این پیام اثربخشی چندانی نداشت، و منحصربه‌فرد هم نبود. ولی پاتریک رنوواز با کسب اجازه از او این پیام را تغییر داد. وقتی ۲ ساعت بعد پاتریک خواست تا رستوران را ترک کند، این فرد دوباره به او مراجعه کرد، اما این بار با صورتی متبسم به نشانه‌ی تشکر و امتنان. او ظرف این مدت ۷۰ دلار کاسب شده بود و شام خوبی هم خورده بود، درصورتی که در حالت عادی تنها چند دلاری نصیبش می‌شد.

پلاکارد جدید او این بود: "اگر شما گرسنه بودید، چه؟" و این پیام در مغز قدیم رهگذران نفوذ می‌کرد. به علاوه پاتریک دو توصیه‌ی دیگر هم به رفیق جدید خود داشت؛ اول آنکه مناطقی را انتخاب کند که تعداد زیادی رستوران داشته باشد و بعد آنکه در دو نوبت ۱۲ ظهر تا ۲ بعدازظهر و نیز ۸ شب تا ۱۰ شب که اغلب مردم غذای خود را خورده‌اند کار کند."

گفتار سی‌ام
چگونه در اقتصاد نامطلوب فروش را افزایش دهیم؟

امروزه بسیاری از شرکتها از شرایط بد اقتصادی رنج می‌برند. فروش پایین تأثیرات بسیار ناگواری بر برخی از بنگاهها و فروشندگان وارد آورده است. به رغم اینکه فروش در شرایط نامطلوب اقتصادی سخت است، ولی غیرممکن نیست. همیشه راههایی برای افزایش میزان فروش در چنین شرایطی وجود دارد که در زیر به چهار مورد از آنها اشاره می‌کنم:

۱) موضع دفاعی بگیرید

در شرایط نامطلوب اقتصادی، در کنار سختیهای فروش، رقابت نیز دشواریهای خاص خود را دارد. می‌باید اینگونه فرض کنید که رقبا هر روز و هر ساعت به دنبال مشتریان شما هستند. شما باید حالت دفاعی به خود بگیرید و مشتریان کنونی خود را حفظ کنید. در صورت امکان می‌توانید قراردادهای بلندمدت ببندید و قراردادهای فعلی را به قراردادهای بلندمدت تبدیل کنید.

این یک استراتژی فروش هوشمندانه است که در شرایط نامطلوب

اقتصادی تأثیرات بسیار مثبتی بر جای می‌گذارد. بنابراین هیچ‌گاه تمرکز بر مشتریان کنونی خود را فراموش نکنید.

۲) آگاه و مطلع باشید

آگاهی و مطلع بودن از شرایط بازار، رقبا، و... یکی از کلیدهای طلایی نجات کسب‌وکار در شرایط بد اقتصادی است. هنگامی که فرصتها کم می‌شوند، رقابت فزونی می‌یابد. در چنین شرایطی، فروشندگان با مهارتهای فروش بالاتر موفق خواهند بود. بی‌نظمی و تنبلی برای چنین شرایطی اصلاً مناسب نیست.

در این شرایط باید به دقت و قدم‌به‌قدم مراحل مختلف فروش را دنبال کرد. هنگام فروش در اقتصاد نامطلوب تنها افرادی که دانش و اطلاعات دارند موفق خواهند بود. پس اگر در مورد استعدادهای خود تردید دارید، باید آموزشهای لازم در این حوزه را ببینید.

۳) شجاع باشید

در شرایط نامطلوب اقتصادی، فروشنده باید به دنبال فرصتهای مناسب به‌منظور بالا بردن جایگاه محصول یا خدمات خود باشد. باید تا حد امکان به دنبال افزایش سودآوری و بهره‌وری بود. با این حال باید بسیار مراقب بود و میزان سود مورد انتظار از فعالیتها را محاسبه کرده و به دقت نرخ بازگشت سرمایه‌گذاری را تخمین زد.

باید مدام به این فکر کنید که چگونه می‌توانید هزینه‌های مشتریان را پایین آورده و ارزش محصول یا خدمات خود را در سود مشتریان بالا ببرید.

کالا یا خدمات شما باید تا حد امکان موجب صرفه‌جویی در هزینه‌های مشتریان شود که این خود نوعی حمله به رقبا است.

۴) هوشیار باشید

غرق شدن در شرایط نامطلوب اقتصادی بسیار آسان است و باید تا حد توان از آن جلوگیری کرد. به‌رغم کمبود فرصتها می‌توان با استفاده از استراتژیهای فروش و مهارتهای مربوط، به آن رقبا را شکست داد. باید در کنار عمل، با هوشیاری کامل اعمال و اقدامات را کنترل و ارزیابی کرد.

گفتار سی‌ویکم

خرده‌فروشیهای سبز:
سبز بازارها یا اکومالها (Eco-malls)

در اخبار، زن و شوهر جوانی را دیدم که با داشتن مدرک کارشناسی، تصمیم می‌گیرند کسب‌وکاری راه بیندازند. آنها با تولید البسه‌ی طبیعی و با استفاده از پارچه‌ی متقال، در مسیر کوهنوردان تهران قرار می‌گرفتند، و در سرما و گرما، به آنها لباسهای ایرانی می‌فروختند، و حال با گذشت چند سال، چند فروشگاه عرضه‌کننده‌ی این محصولات دارند.

در سطح شهر تهران، شاهد گسترش رستورانهایی هستیم که در آنها از غذاهای فست‌فود خبری نیست بلکه، کوفته‌تبریزی، آش رشته، حلیم بادمجان، باقلاقاتوق و خلاصه انواع غذاهای سنتی و ایرانی که به سلامتی نزدیکتر هستند عرضه می‌شوند، و با اسقبال خوب شهروندان مواجه شده‌اند.

حتی بعضی از این رستورانها در قالب یک شرکت یا کسب‌وکار زنجیره‌ای عمل می‌کنند و با رعایت استانداردهای لازم بهداشتی، در عرضه‌ی دیزی و غذاهای سنتی اقدام می‌کنند و برندسازی را در دستور کار خود قرار داده‌اند.

تمام موارد فوق نشان از گسترش فرهنگ زندگی سبز در میان انسانها است؛ به نوعی انسان به حفظ گذشته‌های ارزشمند خود در کنار بهره‌گیری از تکنولوژیهای نوین تمایل دارد. زندگی سبز رو به گسترش است. اما فقط به مسائل زیست محیطی مربوط نمی‌شود.

امروزه محیط زیست به مسأله‌ی اساسی برای همه‌ی جهانیان و حتی کسب‌وکارها تبدیل شده است. امروزه بیشتر مردم به اهمیت محیط زیست و لزوم دخیل کردن ملاحظات و موضوعات زیست‌محیطی در سبک زندگی خود واقف هستند. با افزایش محدودیتها در منابع طبیعی، مشتریان بیشتری به دنبال خرید محصولات دوستدار محیط زیست برای رفع نیازهای روزمره‌ی خود هستند.

بحرانهای زیست‌محیطی از طرفی تأثیر مستقیمی بر شدت یافتن رکود اقتصادی می‌گذارند، و از سویی بر کیفیت زندگی اجتماعی و نوع روابط انسانها تأثیر مستقیم دارند. گفتنی است که با اهمیت یافتن روزافزون فرایندهای تولید و فروش سبز، آرمان نظام بازاریابی در عصر مدرن از بیشینه ساختن مصرف و یا صرفاً جلب رضایت مشتری به هر قیمتی و با هر هزینه‌ای، معطوف به ارتقای کیفیت زندگی هم از بعد کمّی و کیفی کالاها و خدمات و هم از منظر حفظ و ارتقای محیط زیست شده است. چنین فلسفه و خط فکری در نهایت به پیدایش مفهوم "بازاریابی سبز" منتهی شد.

با قوت گرفتن اندیشه‌ی سبز در تولید و فروش محصولات و شدت یافتن تمایل مشتریان به استفاده از محصولات سبز و دوستدار محیط زیست (Eco-Friendly)، شرکتها ناگزیر شدند تا در راهبردهای تولید و بازاریابی خود ملاحظات بازاریابی را نیز دخیل کنند.

البته یافتن محصولات سبز و دوستدار محیط زیست همچنان دشوار، و قیمت آنها نیز اندکی بالا است، بدین‌رو متخصصان و خبرگان بازار مفهومی

جدید از خرده‌فروشیها را مطرح ساختند که هم در فضای آنلاین و هم در فضای آفلاین و فیزیکی، قابلیت عملیاتی شدن دارد. در این فروشگاهها، انواع محصولات کشاورزی و غذایی ارگانیک تا لوازم آرایشی و بهداشتی برگرفته از دل طبیعت یافت می‌شود.

از این میان فروشگاههای زنجیره‌ای موسوم به اکومال (Eco-Mall) اندک اندک پدیدار می‌شوند و طرفداران بسیاری را دست و پا می‌کنند. در این بین پروژه‌ای در سنگاپور به نام ویوو سیتی (Vivo-city) افتتاح شده است که بحق تجربه‌ی زندگی در یک سبز- شهر مدرن را در اختیار مشتریان خود قرار می‌دهد. تمام محصولات این خرده‌فروشی از نوع محصولات سبز و دوستدار محیط زیست هستند و این خرده‌فروشی از اولین اکومالها در دنیا به شمار می‌رود.

مورد بعدی شرکت بست‌بای (Best Buy) از پیشتازان خرده‌فروشی نوآورانه در جهان است. این شرکت فروش محصولات الکترونیکی، مبدع طرح بازیافت محصولات الکترونیکی (E-waste) است و از بنیانگذاران سیستم گرین‌ایکس‌چنج (GreenXchange) است. گرین‌ایکس‌چنج نمونه‌ای بی‌بدیل از خلاقیت است. این سیستم که با همکاری چند برند مطرح دیگر از جمله یاهو شروع به کار کرد، امروزه به بازاری برای دادوستد رایگان ایده‌ها و فناوریهای سبز و ارائه‌ی آنها به دیگران تبدیل شده است.

به علاوه این شرکت اخیراً تحت عنوان برنامه‌ای با نام اکومجینیشن چلنج (Ecomagination Challenge) و به‌منظور ردیابی و جذب ایده‌های جدید برای بهینه‌سازی مصرف انرژی در منازل، و تبدیل فوری این ایده‌ها به محصول، با شرکت جنرال‌الکترونیک وارد همکاری شده است.

بازاریابی سبز از جذابیتهای فراوانی نزد مشتری برخوردار است و می‌تواند عاملی اثربخش در بازگردندان مشتریان به فروشگاهها باشد.

فصل چهارم

دانش فروشندگی

گفتار سی‌ودوم
به من نفروش،
برایم داستان بگو

داستانگویی، موج جدیدی در بازاریابی برند است. تعریف یک داستان درباره‌ی یک برند، راه بسیار تأثیرگذاری برای ترغیب مخاطبان است تا پیام شما را شخصی‌سازی کنند، به ذهن خود بسپارند و مدتها آن را با خود به همراه داشته باشند. نکته‌ی جالب این است که با پیچیده‌تر شدن کسب‌وکارها، بازاریابان به دنبال روشهای ساده‌تری برای تأثیر گذاشتن روی ذهن مخاطبان خود هستند و استفاده از داستان و روایت، یکی از متداولترین روشهای فعلی است.

بازاریابی روایتی شاخه‌ای از علم بازاریابی است که معتقد است داستانها به انسان کمک می‌کنند که به معنی درستی از دنیای پیرامون خود دست یابد. بر اساس آموزه‌های بازاریابی روایتی، هر قدر زمانه سخت‌تر و شرایط انسانها دشوارتر شود، آنها بیشتر تمایل پیدا می‌کنند که روی به داستان بیاورند. داستانها، به تجربیات ما سر و شکل می‌دهند و قهرمانانی را در معرض دید ما قرار می‌دهند که نویدبخش آینده‌ای روشن هستند. داستانها حقایق را عوض نمی‌کنند بلکه، حقیقت را در چارچوبی به ما ارائه می‌دهند

که به ذهن ما خوش آید و این یعنی هدف متعالی بازاریابی. در بهترین حالت، اگر داستانی بتواند این حس را در مخاطب خود به وجود آورد که او، قهرمان داستان است و سرانجام خوش داستان در حقیقت سرانجام خوش او است، مطمئناً مخاطب را به هر سویی که بخواهد، می‌تواند بکشد.

اما روایت چیست و چگونه جای خود را میان تمدن بشری باز کرد؟
روایت، داستانی در قالب ساختاری است که تسلسلی از وقایع واقعی یا تخیلی را توصیف می‌کند. ریشه‌ی این کلمه، واژه‌ی یونانی narrare به معنی "گفتن" است. روایت یا داستان‌گویی، قدیمی‌ترین شکل سرگرمی بشر است و تقریباً در تمام تمدن‌های قدیمی مانند تمدن مصر، یونان، هند، و ایران رگه‌های بسیاری از داستان‌سرایی دیده می‌شود. در مباحث مربوط به روایت‌شناسی، ولادیمیر پراپ یکی از کسانی است که بیشترین تأثیر را در این حوزه داشته است.

پراپ با بررسی دسته‌ی وسیعی از داستان‌ها، توانست به ساختاری برای روایت دست پیدا کند که در تمام آن‌ها کم و بیش رعایت شده بود. اما مهم‌تر از این ساختار، ۸ شخصیتی هستند که بر اساس نظریات پراپ در روایت‌ها وجود دارند و ارتباط میان آن‌ها، سازنده‌ی جریان روایت است. و اینجا است که بازاریابی روایتی وارد میدان می‌شود. بازاریابان سعی می‌کنند تا در روایت‌های خود چند شخصیت از این ۸ شخصیت (قهرمان، قهرمان دروغین، امدادرسان، شخصیت شرور و...) استفاده کنند تا به روایت‌هایی دست پیدا کنند که همواره برای بشر جذاب بوده‌اند.

بازاریابی روایتی و استفاده از داستان آن‌چنان تأثیرگذار است که پا به عرصه‌ی سیاست هم گذاشته و توجه سیاستمداران برجسته‌ی دنیا را در مقاطع حساسی که قصد داشتند تأثیر دلخواهی روی مخاطبان خود بگذارند، جلب کرده است. مثلاً در سال ۲۰۰۴، مسئولان کمپین انتخاباتی جان کری،

رقیب جرج بوش، پس از ناکامی در انتخابات ریاست جمهوری اذعان کردند که آنها تمام حقایق را در اختیار داشتند اما بوش داستان بهتری تعریف کرد. یا در سال ۲۰۰۸، مشاوران مک کین بشدت از او انتقاد کردند، چون معتقد بودند می‌توانست روایتی را تعریف کند که جریان انتخابات را تغییر دهد ولی در گفتن آن کوتاهی کرد. حتی اوباما چندی پیش اعلام کرد که بزرگترین حسرتش این است که نمی‌تواند روایتی تأثیرگذار برای مردم امریکا تعریف کند.

روایت، پدیده‌ای است به قدمت تمدن بشری. انسانها از شنیدن روایتها لذت می‌برند، زیرا روایت، انسان را به سطحی متعالی‌تر از آنچه در اطرافش می‌گذرد، می‌برد.

فیلیپ سیدنی، شاعر و شخصیت بزرگ قرن ۱۵ و ۱۶ ادبیات انگلستان معتقد است که ما انسانها در دنیای بدی زندگی می‌کنیم اما ذهن ما این توانایی و البته خواسته را دارد که تصاویری از یک دنیای طلایی را بسازد؛ دنیایی که در آن خوبی ارزش خود را پیدا می‌کند. اگر سعی می‌کنیم بازاریابی باشیم که مخاطبانمان را با روایت خود به دنیایی طلایی می‌بریم، مطمئناً مخاطب، پیام ما را زودتر و بهتر دریافت و درک می‌کند و پس از دریافت آن، دیگر حاضر نیست از دنیایی طلایی که ما برایش خلق کردیم، به دنیای واقعی بازگردد و این یعنی خواسته‌ی همیشگی بازاریابان، یعنی پرورش و حفظ مشتریان وفادار.

_____ گفتار سی‌وسوم _____
فروش به سایبورگها
با بازاریابی فرامدرن

سایبورگ (cyborg) اصطلاحی تازه است و مقصود از آن موجوداتی است که علاوه بر برخورداری از اعضای طبیعی یک جسم، مجهز به ارگانهای کاربردی مصنوعی نیز باشند. این اندام‌واره‌ی مصنوعی می‌تواند یک چشم مصنوعی و یا حتی یک عینک واقعیت افزوده و یا هر ابزار هوشمند دیگر باشد که به‌سرعت جایگاهی رفیع را در بازاریابی مدرن به دست می‌آورند. سایبورگها همواره موجوداتی خیالی و دستمایه‌ی نویسندگان خیال‌پرداز بوده‌اند، اما امروزه به لطف پیشرفت فناوری و ورود نسل جدیدی از ابزارهای تکنولوژی، شاهد ظهور روزافزون انسانهای سایبورگی هستیم. کاشت تراشه‌ها و الکترودهایی با عملکردهای متعدد در مغز و یا عینکهای واقعیت افزوده، از جمله پیشرفتهای صورت گرفته در این حوزه‌اند. سایبورگها آمیخته‌ای از فناوری و وجود جسمانی هستند.

امروزه اعتقاد برخی محققان بر این است که اگر حتی فردی دارای یک تلفن همراه هوشمند باشد، او را می‌توان در زمره‌ی سایبورگها به حساب آورد. فناوریهای پوشیدنی از دیگر پروژه‌های مهیج سایبورگ‌سازی انسانها

به شمار می‌روند، عینک گوگل (Google) آخرین نوع از این فناوریها است و یا لباسهای شرکت الکتریک فاکسی که به افراد اجازه می‌دهد تا با پوشیدن این لباس براحتی بتوانند ارتباطات مجازی خود را در رسانه‌های اجتماعی حفظ کنند.

پروژه‌های سایبورگ‌سازی همچنان در دوران طفولیت به سر می‌برند اما با این حال رشد بسیار سریعی دارند. در چنین شرایطی فضای کسب‌وکار نیز دستخوش تغییر خواهد شد، چرا که در آینده‌ای نه چندان دور شاهد ظهور طیف تازه‌ای از مصرف‌کنندگان و مشتریان به نام سایبورگها خواهیم بود.

مصرف‌کنندگان سایبورگ چه ویژگیهایی دارند؟

- آنها عمدتاً مصرف‌کننده‌ی اطلاعات هستند و بنابراین به آنها در زبان انگلیسی با عنوان Insumers (مصرف‌کنندگان اطلاعات) یاد می‌شود که اصطلاحی مرکب از دو واژه‌ی Information (به معنای اطلاعات) و consumer (به معنای مصرف‌کننده) است. بدین‌رو این مصرف‌کنندگان اطلاعات بیشتری در اختیار دارند. آنها قادرند تا به‌سرعت حجم عظیمی از اطلاعات را فیلتر کنند و به فراخور نیاز خود تصمیماتی هوشمندانه‌تر بگیرند.

- آنها می‌توانند به کمک ابزارهای خود کانالهای ارتباطیشان را به روی پیامهای ناخواسته مسدود کنند. بنابراین، برقراری ارتباط با مصرف‌کنندگان سایبورگی دشوارتر است.

- در مقابل سایبورگها در مواجهه با پیامهایی که همسوی با منافع و علایقشان باشد، پذیرش بالاتری دارند.

اعتقاد متخصصان بازاریابی این است که شیوه‌های سنتی تبلیغات

به‌سرعت در حال افولند، آن هم به این دلیل که تبلیغات سنتی متناسب با عصری بودند که در آن دسترسی به اطلاعات دشوار بود. رسالت تبلیغات سنتی آن بود که شکاف میان حقیقت و دانش اندک مصرف‌کننده‌ی سنتی را پر کند. اما غالباً در این مسیر به توفیق دست نمی‌یافتند. اما ورود اینترنت موجی انفجارگونه از اطلاعات را در اختیار مصرف‌کنندگان قرار داده است. بدین رو، شکاف اطلاعاتی مصرف‌کننده - محصول، رفته‌رفته باریکتر می‌شود.

واقعیت افزوده؛ شیوه‌ای برای افزایش فروش

واقعیت افزوده یک نمای فیزیکی زنده است، که عناصری دیجیتالی را به دنیای واقعی افراد اضافه می‌کند. در واقعیت افزوده معمولاً چیزی کم نمی‌شود بلکه، فقط اطلاعاتی افزوده می‌شود. برای مثال، در مقابل آیینه‌ی یک عینک‌فروشی می‌ایستید و سپس می‌توانید چندین مدل مجازی عینک را روی صورت خود امتحان کنید.

اهمیت استفاده از چنین ابزاری در فروشگاهها وقتی بهتر مشخص می‌شود که تصور کنید یک مشتری تصمیم دارد چندین لباس، ساعت، عینک، و... یا هر چیز دیگری را بارها امتحان کند. پژوهشگران قصد دارند خرید کردن را در آینده به تجربه‌ای ویژه تبدیل کنند. برای این کار، رهگذران قادر خواهند بود که محصولات پشت ویترین را با حرکات دست و صورت کنترل کنند.

دوربینها وضعیتهای دست، صورت و چشمان خریداران را به صورت سه‌بعدی تصویربرداری می‌کنند و آنها را به دستوراتی برای سفارش و خرید کالا تبدیل می‌کنند. این دستورات حتی در زمانی که مغازه تعطیل است نیز قابل اجرا خواهند بود.

یا برای مثال ویترینهای تعاملی فروشگاههای آدیداس به‌عنوان یک

صفحه‌ی لمسی تمام‌عیار این امکان را به شما می‌دهند تا با انتخاب کالای مورد نظر در ابعاد واقعی، آن را مستقیماً به گوشی هوشمند خود منتقل کرده و از موبایل خود به عنوان یک کارت خرید استفاده کنید. امکان ذخیره‌ی کالا برای خرید در آینده و افزودن آن به فهرست علاقه‌مندی‌ها، اصلاح جزئیات مربوط به یک محصول (مانند تغییر رنگ) و حتی به اشتراک‌گذاری تجربه‌ی خرید خود با دوستان در رسانه‌های اجتماعی یا از طریق ارسال ایمیل به آن‌ها نیز در این سیستم تعریف شده است.

تجربه‌ای دل‌انگیز با عینک‌های واقعیت افزوده‌ی گوگل؛ چگونه مشتریان سایبورگ را جذب کنیم؟

امروزه برخی برندها با فاصله‌گیری از تبلیغات ناکارآمد به روش‌های مدرن بازاریابی روی آورده‌اند. هم‌اینک اتفاقات بسیاری در دنیای تکنولوژی در حال روی دادن است که هدف آن‌ها عمدتاً شخصی‌سازی ابزارهای کاربردی است. ابزارهای شخصی‌سازی شده براحتی می‌توانند در راستای فعالیت‌های بازاریابی تک به تک به کار روند.

فناوری به‌سرعت پوست می‌اندازد، به گونه‌ای که مدیران گوگل بر این باورند که فناوری‌های فعلی در مقایسه با تکنولوژی دهه‌ی آینده اسباب‌بازی بیش نیستند. عینک گوگل از جمله تازه‌ترین ابزارهای شخصی‌سازی شده و خصوصی است. ابزارهای واقعیت افزوده نظیر عینک گوگل به اعتقاد محققان مطرح عرصه‌ی فناوری مانند تامی آهونن، به‌سرعت در حال تبدیل شدن به هشتمین رسانه‌ی جمعی تأثیرگذار هستند. گفتنی است که چاپ، ضبط صدا، سینما، رادیو، تلویزیون، اینترنت، و تلفن‌های همراه هفت رسانه‌ی انبوه قبلی بودند. واقعیت افزوده رسانه‌ای محبوب و بشدت در حال رشد است.

یکی از برندهای مطرحی که دست به دامان این روش نوظهور در

بازارایابی شده، شرکت حمل‌ونقل هوایی جت‌بلو (Jet Blue) است، که بخوبی توانسته کاربردهای بسیاری را برای دارندگان عینکهای گوگل فراهم کند. ایده‌ی جت‌بلو بسیار ساده است. استفاده از ابزار فناوری با هدف تحویل اطلاعات واقعاً کاربردی.

در واقع این شرکت توانسته به لطف فناوری واقعیت افزوده، تجربه‌ای سهل و خوشایند را برای مسافران فرودگاه ایجاد کند. کافی است که عینک گوگل را روی چشمان خود قرار دهید و با یک نگاه به تابلوی پارکینگ از تعداد جاهای خالی برای پارک و محل دقیق آنها باخبر شوید و یا اگر دنبال تاکسی هستید، می‌توانید به‌سادگی مسیر، مسافت، و قیمت تاکسیها را بدون مراجعه به راننده، روی عینک خود مشاهده کنید. در واقع این روش از انواع شیوه‌های بازاریابی رو به درون (Inbound Marketing) به شمار می‌رود.

آینده‌ی دنیای کسب‌وکار از آن کسانی خواهد بود که بتوانند درکی صحیح از نیازهای مصرف‌کنندگان مدرن داشته باشند و به نیازها و خواسته‌های آنها واقف باشند.

گفتار سی‌وچهارم
مدل ارزش‌محور در فروش

فروش موفق، بیش از هر چیز به ایجاد رابطه‌ی درست با مشتری بستگی دارد. پاتریشا فریپ (Patricia Fripp) یکی از نویسندگان و سخنرانان برجسته‌ی حوزه‌ی فروش معتقد است که در فروش چیزی به‌عنوان خاتمه‌ی فروش نداریم بلکه، در پایان هر فروش رابطه‌ای شکل می‌گیرد که در صورت استمرار آن، فروشنده تا مدتها از آن به منفعت خواهد رسید.

از آنجا که موفقیت یا ناکامی در فروش به میزان قابل‌توجهی به موفقیت یا عدم موفقیت در ایجاد و حفظ رابطه‌ی میان فروشنده و مشتری بستگی دارد، تاکنون مدلهای زیادی برای تبیین رابطه‌ی فروشنده و مشتری مطرح شده‌اند که هر یک به‌نوبه‌ی خود دارای نقاط قوت و ضعفی بوده‌اند. تکامل مدلهای فروش بخوبی منعکس‌کننده‌ی تکامل رابطه‌ی میان فروشنده و مشتری است.

زمانی به مشتری به‌عنوان یک "ماشین خرید" نگاه می‌شد که فروشنده باید به هر قیمت ممکن محصول یا خدمت خود را به او می‌فروخت. با گسترش اینترنت و دسترسی آسان مشتریان به اطلاعاتی که پیش از این

تنها در اختیار فروشندگان بود، این رابطه دچار تحولات اساسی شد و امروزه کار به جایی رسیده است که محصول یا خدمت، دیگر مشتریان را راضی نمی‌کند بلکه، آنها به دنبال این هستند که کدام فروشنده ارزش بیشتری به آنها می‌فروشد.

مطمئناً در چند سال اخیر عبارت "گزاره‌ی ارزشی"، بارها و بارها به گوش شما خورده است. شکل‌گیری گزاره‌ی ارزشی نتیجه‌ی همین تفکر است که فروش امروزه به فعالیتی ارزش‌محور تبدیل شده است و در عصر حاضر فروشنده‌ای می‌تواند موفق باشد که ارزش بیشتری را برای مشتری خود ایجاد کند.

مدل ارزش‌محور در فروش، از زاویه‌ای جدید به رابطه‌ی فروشنده و مشتری نگاه می‌کند و به فروشنده‌ها کمک می‌کند بیشترین و بهترین ارزش را برای مشتریان خود خلق کنند. البته باید یادآور شوم این مدل بیشتر در فروش‌های شرکتی (B2B) کاربرد دارد اما می‌توان در فروش‌های B2C نیز از آن بخوبی استفاده کرد.

مدل ارزش محور در فروش شمائی از نحوه‌ی فروش در بازار رقابتی معاصر را در اختیار شما قرار می‌دهد. این مدل، دارای چهار حلقه‌ی اصلی است. سناریوی این مدل بدین شکل است: ما به‌عنوان فروشنده‌ی محصول یا خدمت در حلقه‌ی ابتدایی این مدل قرار داریم.

شکل شماره‌ی ۱

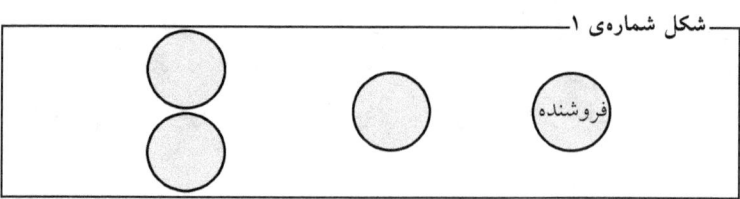

ما پس از طی مراحلی مانند شناخت مشتری احتمالی، کیفیت‌سنجی، و... مشتریانی را پیدا می‌کنیم. مشتری در مدل ارزش‌محور فروش، در

حلقه‌ی دوم قرار می‌گیرد:

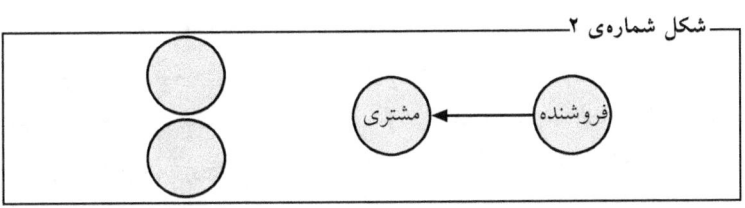
شکل شماره‌ی ۲

وظیفه‌ی ما به‌عنوان فروشنده این است که ویژگیها، مزایا، و کاربردهای محصول یا خدمت خود را بخوبی بشناسیم و سعی کنیم ارزش واقعی آن محصول یا خدمت را به مزیتی برای مشتری تبدیل کنیم؛ مزایایی از جمله اینکه چطور می‌توانیم هزینه‌های آنها را کم کنیم، چگونه می‌توانیم درآمد آنها را بالا ببریم یا چگونه می‌توانیم سهم آنها را در بازار افزایش دهیم. اما این مدل این پارادایم را گسترده‌تر می‌کند و فراتر از مشتری می‌رود. به‌عبارتی به‌جای اینکه ما به‌عنوان فروشنده به‌صورت سنتی تنها به مشتری خود فکر کنیم، چرا مشتریِ مشتری خود را مدنظر قرار ندهیم! منظور من این است که فکر کنیم مشتری، محصول یا خدمت ما را به چه کسانی می‌فروشد؟ علاوه بر نفعی که مشتری از محصول یا خدمت شما می‌برد، مشتریان مشتری ما چه نفعی از محصول یا خدمت شما می‌برند؟ با پاسخ به این پرسشها ما می‌توانیم علاوه بر ارزش، یک زنجیره‌ی ارزشی نیز خلق کنیم. بنابراین مدل ارزش‌محور بدین شکل درمی‌آید:

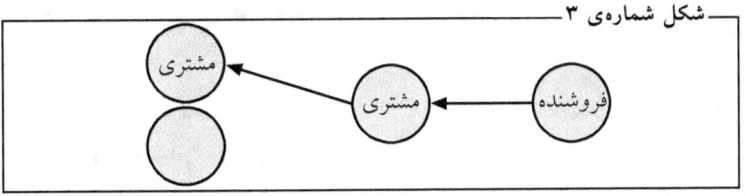
شکل شماره‌ی ۳

پس از اینکه حلقه‌ی سوم این مدل به وسیله‌ی مشتریِ مشتری تکمیل

شد، نوبت به حلقه‌ی آخر آن می‌رسد. یکی از دغدغه‌های همیشگی کسب‌وکارها مسأله‌ی رقبا است. بنابراین، اگر ما بتوانیم محصول خود را به مشتری بفروشیم و به او توضیح دهیم که این محصول چگونه به رقابت بهتر آنها در بازار کمک می‌کند، این بار نیز علاوه بر محصول یا خدمت خود به او ارزش فروخته‌ایم؛ ارزش اینکه چگونه مشتری می‌تواند با استفاده از محصول ما از رقبای خود پیشی بگیرد.

بنابراین، حلقه‌ی آخر مدل ارزش‌محور در فروش به‌وسیله‌ی رقبا پر می‌شود و شکل نهایی این مدل حاصل می‌شود:

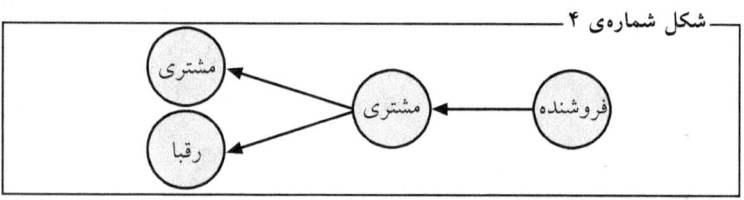

شکل شماره‌ی ۴

پس مدل ارزش‌محور فروش به صورت خلاصه بدین شکل است: فروشنده‌ها باید برای موفقیت در بازار پرتلاطم امروزی با محصول یا خدمت خود، ارزشی برای مشتریان‌شان خلق کنند. برای این منظور باید فراتر از سطح مشتری برویم و به این نکته توجه کنیم که مشتری ما برای راضی کردن مشتریان خود یا به دست آوردن مشتریان بیشتر، به چه چیزی نیاز دارد و سپس این نیازمندی را در محصول یا خدمت خود برجسته سازیم. علاوه بر این، باید محصول یا خدمت خود را به گونه‌ای به مشتری بفروشیم که در رقابت در بازار از رقبای خود پیشی بگیرد. به عبارتی در فروش ارزش‌محور به جای اینکه به مشتری بفروشیم به مشتریِ مشتری و به رقبای مشتری می‌فروشیم. اگر بتوانیم مشتری را مجاب کنیم که محصول یا خدمت ما در این دو حوزه به او کمک شایانی خواهد کرد، آنگاه می‌توانیم ادعا کنیم که یک گزاره‌ی ارزشی تمام‌عیار به‌وجود آورده‌ایم.

گفتار سی‌وپنجم

چگونه در فرایند فروش به جای رابطه‌سوزی، رابطه‌سازی کنیم؟

نتایج تحقیقات، حاکی از آن است که افراد در ثانیه‌های اولیه‌ی تماس، در مورد فرد تماس‌گیرنده و ویژگیهای او، پیشداوری می‌کنند. متأسفانه تغییر این قضاوتها و پیشداوریها در کوتاه‌مدت بسیار دشوار است. این یافته‌ها مؤید اهمیت بالای دقایق اولیه‌ی برخورد از دیدگاه ارتباطی است. در مذاکرات فروش، سه هدف عمده پیگیری می‌شود؛ اول آنکه در جهت ایجاد یک ذهنیت مثبت از خود در ذهن مشتری تلاش کنیم، و دوم آنکه بکوشیم در مشتری ایجاد علاقه کنیم تا او به گفته‌های ما توجه کند. در درجه‌ی سوم باید برای ورود به بدنه‌ی اصلی مذاکره، فضاسازی کنیم و مشتری را به سمت فرایند فروش هدایت کنیم.

در واقع یک فروشنده به‌طور کلی تنها چیزی در حدود ۴ الی ۳۰ ثانیه فرصت دارد تا تأثیر اولیه‌ی خود را روی مخاطب در جهت اقناع او برای سهیم شدن در فرایند فروش بگذارد. متأسفانه پس از گذشت این مدت و در صورت ناکامی فرد در جلب توجه اولیه‌ی مشتری، اغلب مخاطبان در مقابل فروشنده گارد می‌گیرند و او را عاملی مخل تصور می‌کنند. در مقابل

تعداد اندکی از مشتریان بالقوه خود را به ادامه‌ی شنیدن گفته‌ها و صحبتهای فروشنده مجاب می‌کنند.

دلیل آن است که ما به‌عنوان فروشنده، فرصت بسیار اندکی برای جلب توجه مشتری در اختیار داریم، و عمدتاً این فرصت را با بیان جملات غیرسازنده از دست می‌دهیم. شروع مذاکرات فروش از اهمیت بسیار بالایی در چرخه‌ی فروش برخوردار است و می‌تواند موجب ایجاد مقاومت و یا به عکس پذیرش ذهنی در مغز مخاطب شود. به قول کریستوفر مارلو، "فصاحت بیان معجزه می‌کند، چرا که گوشهای مردم از دیدگانشان بی‌تجربه‌تر است". این جمله بیانگر اهمیت جادوی کلام بویژه در آغاز روابط مرتبط با فروش است. بیان مناسب اعم از کلامی یا غیرکلامی (زبان بدن) می‌تواند رابطه‌ساز و یا در نقطه‌ی مقابل آن رابطه‌سوز باشد. در ادامه، به مرور برخی از تکنیکهای آغاز مذاکرات فروش می‌پردازیم:

خود کرده را تدبیر نیست

مقاومت در ذهن مخاطبان به‌وسیله‌ی خود فروشندگان ایجاد می‌شود. در واقع، آغاز مذاکرات با جملات کلیشه‌ای نظیر:

- امروز چه می‌کنید؟
- به نظرتان حالا زمان مناسبی برای صحبت است؟
- می‌توانم چند لحظه وقت‌تان را بگیرم؟
- تصور می‌کنم این موضوع برایتان جالب باشد که ...
- و...

موجب می‌شوند که مخاطب در مقابل گفته‌های فروشنده گارد بگیرد. گاه در ادامه جملاتی با تمرکز بر ضمیر "من" به زبان می‌آوریم که اوضاع را پیچیده‌تر می‌کند:

- من صرفاً چند دقیقه از وقت‌تان را می‌گیرم.

- من تماس گرفتم به جهت ...
- به من گفته شده که ...
- من دوست دارم که با شما در خصوص ... صحبت کنم.
- و ...

در انتها نیز عموماً صحبت‌هایمان را با برخی ادعاهای فرصی و غلوآمیز خاتمه می‌دهیم. به مثال‌های زیر توجه کنید:

- آیا شما به دنبال راه‌هایی برای کسب سود بیشتر هستید؟
- من محصولی دارم که می‌تواند به میزان زیادی از مخارج مرتبط با سفرهای شما بکاهد.
- کسب‌وکار ما کمک به مراجعان برای موفق‌تر بودن است.
- ما با مشتریان خود مشارکت می‌کنیم تا بتوانند در ... صرفه‌جویی کنند.
- ما می‌توانیم ... بهبود دهیم.
- می‌خواهم نشانتان دهم که چگونه می‌توانیم به شما کمک کنیم.
- می‌دانیم که می‌توانیم در زمان و پول شما صرفه‌جویی ایجاد کنیم.
- قادریم مشکلات‌تان را حل و فصل کنیم.

چنین جملاتی با این سبک آرایش واژگان، تنها موجب ایجاد دیوارهای تدافعی در ذهن مخاطب می‌شود، از این رو پیام ما به‌درستی انتقال نخواهد یافت. راهکار این است که از کلیشه‌گویی عبور کنیم.

از کلیشه‌ها دست برداریم

طبق تحقیقات صورت گرفته، حذف جملات کلیشه‌ای از مذاکرات تجاری موجب می‌شود که نرخ موفقیت در مذاکرات تا بیش از ۲۰ درصد افزایش یابد. برای مثال جمله سؤالی "امروز چه می‌کنید؟" یا "حال شما چطور است؟"، پرسشی بسیار فراگیر و کلیشه‌ای است که تمامی مشتریان عین آن را بارها

شنیده‌اند و بسیاری از آنها خود را ملزم به پاسخ به این سؤال نمی‌دانند.

تفاوت، جذابیت، و حرفه‌ای بودن، سه اصل اساسی در حرفه‌ی فروشندگی هستند، و این سه اصل باید در کلام اهالی فروش نیز تبلور یابد. طبق تحقیقات صورت گرفته از سوی انجمن سازمانهای حرفه‌ای امریکا، یک مدیر اجرایی در هر زمان به طور متوسط به اندازه‌ی ۵۲ ساعت کار عقب افتاده روی میز کار خود دارد. این مسأله حاکی از آن است که این افراد هیچ زمانی را برای تلف کردن در اختیار ندارند.

درست زمانی که با مشتری تماس می‌گیرید، به احتمال ۹۹/۹ درصد آنها مشغول انجام کارهای خود هستند و این بدان معنا است که با ۹۹/۹ درصد اطمینان، ما موجب قطع کار آنها شده‌ایم. بنابراین نباید چنین موضوعی را نادیده گرفت بلکه، می‌بایست از آن بهره‌برداری کرد. برای نمونه جملات زیر می‌توانند مفید واقع شوند:

● "خانم / آقای ... من ... هستم. آیا الان زمان مناسبی برای گفتگو با شما است، یا دستور می‌فرمایید زمان دیگری تماس بگیرم؟"

پاسخ مخاطب به این سؤالات یک لبخند توأم با تأیید خواهد بود، چرا که پاسخ سؤال مثبت است اما حسن سؤالات اینچنینی آن است که مخاطب متوجه می‌شود که حق انتخاب دارد. حال آنکه زمانی که مخاطب احساس کند که در دام مذاکره افتاده است، از گوش دادن سر باز خواهد زد و به فکر راه در رو می‌افتد. اما زمانی که مذاکره را جاده‌ای دوطرفه می‌بیند، بیشتر تن به گفتگو می‌دهد.

تمرکز خود را از ضمیر "من" برداریم

به یاد بیاوریم که تماس ما با مخاطب باید درباره‌ی آنها باشد، نه خودمان. چنانچه مخاطب از همان ابتدا واژه‌ی "من" را بشنود، در ناخودآگاه خود به این موضوع فکر خواهد کرد که "چه کسی به خواسته‌های شما اهمیت

می دهد، پس نقش من در این میان چیست؟"

تمرکز مشتری معطوف به منفعت خود است. پس این نیاز مشتری را با اندکی جابه‌جایی در واژگان براحتی برطرف کنید.

به‌جای استفاده از واژه‌ی "من" (و تمام انواع آن)، می توانید جملاتی مشابه عبارات زیر به کار ببرید:

▪ اگر مشتری بالقوه‌ی مورد نظر به‌وسیله‌ی فرد دیگری به ما ارجاع شده باشد، ابتدای صحبت خود را با نام فرد ارجاع دهنده آغاز کنید:

- "آقا / خانم ... فرمودند که با شما تماس بگیرم و در خصوص ... صحبت کنم."

▪ اگر تماس بابت پیگیری موضوعی خاص است، ابتدا خواسته‌ی آنها را مد نظر قرار دهید:

- "آخرین باری که با هم تماس داشتیم به من دستور دادید که برای اعلام قیمتها با شما تماس بگیرم."

▪ اگر تماس از نوع تماسهای سرد بدون ارجاع است، می توانید مکالمه‌ی خود را بر اساس ماجرای یکی از مشتریان ثالث خود پیگیری کنید:

- "بسیاری از مدیران عامل مثل خود شما، نسبت به سیستمهای امنیت شبکه‌ی ما رضایت دارند، به گفته‌ی آنها .... نظر شما چیست؟"

▪ چنانچه نمی‌دانید که باید با چه کسی صحبت کنید، می توانید سؤالی مشابه پرسش زیر مطرح کنید:

- "شاید شما بتوانید کمکم کنید."

بیشتر افراد زمانی که از آنها درخواست کمک کنید، دریغ نخواهند کرد.

▪ برای عبور از موانعی مثل منشی یا مسئول دفتر می توانید از چنین عباراتی بهره ببرید:

- "شاید شما بتوانید به من کمک کنید؟ یک هفته است تلاش می کنم

که با آقای / خانم... ارتباط بگیرم اما همچنان موفق نشده‌ام. می‌دانید چه زمانی بهترین وقت برای تماس با ایشان است؟".

● **نکات پایانی**: از بیان جملات شعارگونه‌ای که روی حفظ پول و صرفه‌جویی در زمان مشتری مانور می‌دهند، خودداری کنید؛ هر چند که درست باشند. به‌واقع مشتریان چنین جملاتی را از زبان رقبای شما نیز می‌شنوند. در عوض سعی کنید که تمایز و تفاوتهای خود را بیان کنید نه اینکه شباهتهای خود با رقبا را گوشزد کنید.

نکته‌ی بعدی این است که هیچ‌گاه با پیش‌فرض اینکه مشتری حتماً به خدمات ما نیاز دارد به سراغ او نرویم. این موضوع سبب می‌شود که مخاطب در مقابل ما گارد نگیرد. لذا به جای بیان جملاتی که با فرض نیاز حتمی مشتری مطرح می‌شوند، از واژگانی مثل "بستگی دارد" ، "ممکن است"، یا "احتمالاً" استفاده کنید. برای مثال به نمونه‌های زیر توجه کنید:

● "آقا / خانم ... صاحبان مختلف کسب‌وکار مثل شما، بارها به ما گفته‌اند که خدمات ما توانسته از هزینه‌های چاپ و... آنها بکاهد. بسته به نیاز شما به چاپ و پرینت، ممکن است این اتفاق برای شما هم بیفتد و شاهد کاهش هزینه‌هایتان در این بخش باشید. می‌توانیم کمی در خصوص نیازهای چاپی‌تان گفتگو کنیم؟"

گرم و دوستانه صحبت کنید و در نقش مشاوری امین و دلسوز ظاهر شوید. از قبل تمرین کنید چرا که کار نیکو کردن از پر کردن است و بدون تمرین نمی‌توانید چندان به نتایج قابل توجهی دست یابید. در ضمن مواظب باشید که با کسب اطلاعات، مخاطب هدف را درست انتخاب کرده باشید. برای مثال یک مدیرعامل پرمشغله دوست ندارد شما برای کاری که به مدیران میانی آنها مربوط می‌شود، با خودشان تماس بگیرید.

گفتار سی‌وششم
مثلث طلایی "هاد"
برای مواجهه با شرایط حاد فروش

بسیاری از اندیشمندان و صاحب‌نظران علم فروش، فروش را همانند سفری می‌دانند که در آن فروشنده و خریدار گام به گام با هم از نقطه‌ی شروع به سمت مقصد نهایی قدم برمی‌دارند. در حقیقت بر اساس نوع رابطه‌ی فروشنده و خریدار می‌توان فروش را به طور کلی به سه مرحله تقسیم کرد که در هر مرحله رابطه‌ی این دو به گونه‌ای متفاوت تعریف می‌شود.

بر این اساس، مرحله‌ی اول زمانی است که فروشنده و خریدار هنوز یکدیگر را ملاقات نکرده‌اند یا با یکدیگر تماسی نداشته‌اند که از آن با عنوان رصد مشتریان احتمالی یاد می‌شود. مرحله‌ی دوم زمان ملاقات یا تماس فروشنده با مشتری است و مرحله‌ی سوم زمانی است که فروشنده، پس از ملاقات یا تماس با مشتری، کارهای مربوط به پیگیری فروش را انجام می‌دهد.

این سه مرحله هر یک به نوبه‌ی خود از اهمیت ویژه‌ای برخوردار هستند اما مرحله‌ی دوم یعنی زمانی که فروشنده، مشتری را به صورت حضوری ملاقات می‌کند یا با وی تماس برقرار می‌کند، اهمیتی دوچندان

دارد، زیرا در این مرحله است که فروشنده می‌تواند با مهارتها و تکنیکهای خود روی خریدار تأثیر بگذارد و او را از یک مشتری احتمالی به یک مشتری واقعی و قطعی تبدیل کند.

مشتریان دارای نیازهای متفاوتی هستند و همین امر سبب می‌شود که فروشندگان برای هدایت هر مشتری به سمت خرید، راههای متنوعی را بیازمایند. با این حال سه نقطه‌ی تأثیرگذاری وجود دارند که فروشندگان با تمرکز روی آنها می‌توانند موفقیت خود را در ملاقات یا تماس با مشتری تضمین کنند. این سه نقطه‌ی تأثیرگذاری، مثلثی طلایی به نام مثلث "هاد" را به وجود می‌آورند. واژه‌ی هاد از ترکیب حروف اول "هزینه"، "اجتناب از ضرر" و "درآمد" ساخته شده است.

اولین نقطه‌ی تأثیرگذاری روی مشتری، "هزینه" است. اولین و مهمترین هدف مشتریان - چه مشتریان حقیقی و چه مشتریان سازمانی - از خریدن محصول یا خدمت شما این است که هزینه‌های جاری خود را کاهش دهند. به‌عبارتی کاهش هزینه باید اولین بحثی باشد که فروشنده با مشتری خود مطرح می‌کند تا وی را به خرید ترغیب کند. اینکه محصول یا خدمت شما چگونه می‌تواند هزینه‌های مشتری را کاهش دهد، جذابترین موضوع برای مشتری خواهد بود. بنابراین مثلث هاد ابتدا بدین شکل درمی‌آید:

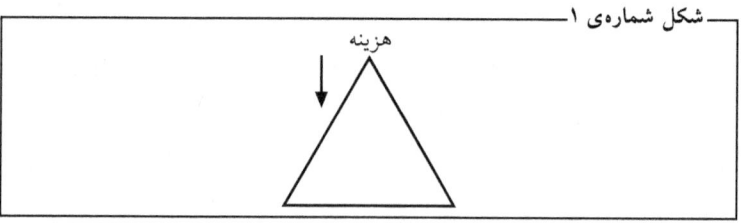

شکل شماره‌ی ۱

نکته‌ی دومی که برای بسیاری از مشتریان حائز اهمیت است و مطرح کردن آن از سوی فروشنده می‌تواند تأثیر زیادی در موفقیت فروش وی داشته باشد، اجتناب از ضرر است. به‌عبارتی مشتریان مایل هستند بدانند

محصول یا خدمت شما چگونه می‌تواند جلوی ضررهای احتمالی آنها را در آینده بگیرد. این نکته بویژه زمانی که اقتصاد با رکود مواجه است و ضرر نکردن برای شرکتها مهمتر از سود کردن است، اهمیت خاصی می‌یابد. اگر فروشنده بتواند مشتری خود را مجاب کند که محصول یا خدمت او جلوی ضررهای احتمالی را خواهد گرفت، در حقیقت دومین نقطه‌ی تأثیرگذاری را بخوبی هدف گرفته است. حال به مثلث هاد بازگردیم که تا اینجا بدین شکل درآمده است:

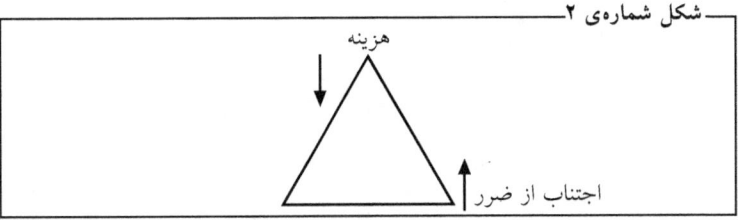

— شکل شماره‌ی ۲

سومین نقطه‌ی تأثیرگذاری که فروشندگان باید بخوبی از آن آگاه باشند، درآمد است. کسب‌وکارها با درآمدی که کسب می‌کنند زنده هستند و طبیعی است که مشتریان با خرید محصول یا خدمت شما، به دنبال کسب درآمد بیشتر باشند. بنابراین اگر فروشنده بتواند این تفکر را به مشتری القا کند که محصول یا خدمت وی باعث افزایش درآمد او خواهد شد، می‌تواند مطمئن باشد که فروش موفقی خواهد داشت. تمرکز روی افزایش درآمد، مثلث هاد را به این شکل درمی‌آورد:

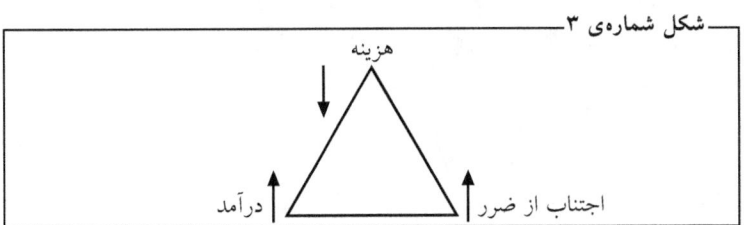

— شکل شماره‌ی ۳

به خاطر داشته باشیم که فروشنده‌های موفق الزاماً بیشتر از فروشنده‌های

متوسط کار نمی‌کنند بلکه، با هوش و ذکاوت خود نقاطی را که می‌توانند بیشترین تأثیر را روی مشتری داشته باشند، کشف می‌کنند و تنها روی آنها تمرکز می‌کنند.

در شرایط بحران فروش، آنچه که نباید انجام دهیم، از آنچه که باید انجام دهیم، اهمیت بسیار بیشتری دارد، بنابراین آزمون و خطاهای بی‌نتیجه را کنار بگذاریم و نقاط اصلی تأثیرگذاری روی مشتری را سرلوحه‌ی تلاش‌ها و برنامه‌های خود قرار دهیم.

گفتار سی‌وهفتم
برترین روندهای آتی فروش صنعتی

مدلسازی از رفتار نیروهای فروش موفق

مدلها، توصیفی کلامی و شمائی بصری از نحوه‌ی عملکرد سیستم و جریان فرایندها هستند. مدلها امکان انجام تجارب مجدد و پیش‌بینی‌پذیر را فراهم می‌کنند. امروزه سازمانهای بسیاری برای درک آنکه نیروهای فروش برجسته، از چه طریقی و به چه نحوی استراتژیهای موفق را تدوین و اجرایی می‌کنند، و با لحاظ کردن سیاستهای آنها در قبال مشتریان، و نیز روان‌سنجی و ماهیت انسانی تصمیم‌گیران اجرایی، از رفتارهای نیروهای فروش موفق خود مدلی تهیه می‌کنند و با استفاده از آن مدل، موفقیت این نیروها را برای دیگر نیروهای فروش تعمیم می‌دهند. مدلها به‌سادگی قابل درک و الگوبرداری هستند و فرایند جانشین‌پروری و پرورش نیروهای تازه‌نفس را تسریع می‌بخشند.

ادامه‌ی مهاجرت از فروش میدانی به فروش تلفنی و اینترنتی

امروزه بسیاری از شرکتها تلاشها و اقدامات نیروهای فروش میدانی خود

را معطوف فروش اینترنتی و تلفنی کرده‌اند. بدین‌رو این نیروها با توجه به محدودیتهای مذاکرات تلفنی، باید کاملاً به فن و مهارت مذاکره‌ی تلفنی آشنا باشند، تا بتوانند از این طریق رابطه‌ای دو سر سود با مشتریان به وجود آورند. درک و شناخت هنر اقناع از جمله ضروری ترین ملزومات مهارتی نیروهای فروش در آینده خواهد بود.

عارضه‌ی فرسودگی فناوری در نیروهای فروش

هر چند که فناوری عمیقاً توانسته بهره‌وری نیروهای فروش را بالا ببرد، اما نباید آسیبهای ناشی از آن را نادیده گرفت. امروزه فروشندگان به‌صورت پیوسته آن هم به لطف وجود فناوریهایی مثل تلفن همراه، ایمیل، و... در دسترس مشتریان قرار دارند و این امر می‌تواند تعادل زندگی آنها را خدشه‌دار کند، و نیروهای فروش را اصطلاحاً دچار عارضه‌ی فرسودگی فناوری کند.

مدیریت هوشمند قلمروی فعالیت

امروزه گستره‌ی جغرافیایی و بازارهای هدف نیروهای فروش بشدت افزایش یافته است، بدین‌رو این نیروها با مشکلی همیشگی مواجهند: ارزشمندترین منبع خود، یعنی زمان را در کجا و روی کدام بازار صرف کنیم؟

عصر کنونی را به نام عصر اطلاعات می‌شناسیم، و امکان تجزیه‌وتحلیل و نتیجه‌گیری از داده‌ها، یکی از کاربردهای وجود اطلاعات عظیم به شمار می‌رود، که می‌تواند به نیروهای فروش در پیش‌بینی روندها و رفتار مصرف‌کنندگان کمک شایان توجهی کند. سیستمهای مدیریت هوشمند قلمروی فعالیت، با پالایش این داده‌ها و فیلتر کردن آنها، مهمترین و ارزشمندترین بازارهای هدف را به کمک تجزیه‌وتحلیل روندهای گذشته

در اختیار می‌گذارند. امروزه بازاریابی انبوه شیوه‌ای از کار افتاده و منسوخ است، و هوشمندی، هدفمندی، و فعالیت در گوشه‌های دنج و ویژه‌ی بازار، از ملزومات اساسی سازمانهای فروش مدرن به شمار می‌روند.

بی‌تصمیمی، اصلی‌ترین رقیب برای نیروهای فروش
در مقاله‌ای از هاروارد می‌خوانیم که دنیای امروز، صحنه‌ی کارزار رقابت است. اما در این کارزار سنگین رقابتی، رقیبی سرسخت و غیرقابل پیش‌بینی به نام بی‌تصمیمی خودنمایی می‌کند.

طبق گزارش یکی از شرکتهای مشاوره‌ی فروش به نام دِ سلز بنچ‌مارک ایندکس (The Sales Benchmark Index)، نزدیک به ۶۰ درصد مخاطبان مطلوب، قربانی وضع موجود و حالت بی‌تصمیمی خود هستند، و لذا فرایند فروش را با اختلال مواجه می‌کنند.

به این ترتیب فروشندگان بویژه در بخش صنعتی می‌بایست راههای شکستن مقاومتهای ذهنی مشتریان را بیاموزند و مصرف‌کنندگان را به سمت تصمیمی مبتنی بر رابطه‌ی برد - برد سوق دهند.

زبان‌شناسی فروش، تأکید بر تعاملات زبان‌محور
طرفداران هر یک از رویکردهای فروش مشاوره‌محور، ارتباط‌محور، و چالش‌محور هر یک به شایستگیهای فلسفه‌ی فروش خویش تأکید دارند، اما رویکردی وجود دارد که همگی بر کارآیی آن متفق‌القول واقف هستند. امروزه دیگر تنها آنچه که می‌گوییم اهمیت ندارد بلکه، چگونه گفتن نیز به همان میزان دارای اهمیت است.

زبان‌شناسی فروش (Sales Linguistics)، حوزه‌ای نوین در مطالعات بین‌رشته‌ای بازاریابی است و موضوع آن در خصوص چگونگی به‌کارگیری و تفسیر زبان مشتریان و فروشندگان در خلال فرایند تصمیم‌گیری است.

نیروهای فروش بقای خود را مرهون مهارتهای کلامی هستند، بدین‌رو لازم است به مطالعه‌ی زبان و نحوه‌ی به‌کارگیری واژگان بپردازند، چرا که مهم‌ترین سلاح رقابتی آنها درون دایره‌ی واژگانشان نهفته است.

گفتار سی‌وهشتم
جدال منطق و احساس در فروش؛
چگونه بهترین بهره را از این تقابل ببریم؟

فروش را می‌توان انتقال و تبادل انرژی برآمده از دو منبع دانست:
الف) احساس (هیجانات)
ب) منطق

به نظر شما، کدام‌یک از این موارد تأثیر بیشتری بر رفتار مصرف‌کنندگان و خریداران دارد؟

پیش از پاسخ به این پرسش، بد نیست که ابتدا نیم‌نگاهی به برخی از عوامل منطق‌گرای تأثیرگذار بر نتایج تماس‌های مرتبط به فروش بیندازیم:

- دانش محصول
- دانش نسبت به مشتری
- اطلاعات اجتماعی
- فرایند فروش
- سؤالات تشخیصی
- سناریوی از پیش آماده و پیام‌های آماده برای فروش
- طرح‌های پیشنهادی قانع‌کننده

● ارائه‌ی قانع‌کننده و...

در بسیاری از برنامه‌های آموزش فروش، نیروها می‌آموزند که چگونه به اطلاعات درست دست یابند. سؤالاتی درست از مشتری بپرسند، مشکلات مشتری را به‌درستی تشخیص دهند، راهکاری درست به فراخور مسأله بسازند، طرح پیشنهادی مناسبی تهیه کنند و در زمان درست اقدام به خاتمه‌ی فروش کنند.

تمام این نکات و اصول، روی کاغذ زیبا و کارآمد به نظر می‌رسند، اما مسأله اینجا است که قطب اصلی فروش (احساس) در این اصول نادیده گرفته شده است.

به قول زیگ زیگلار، "منطق مردم را به فکر کردن وادار می‌کند، و احساسات آنها را به عمل وامی‌دارد." از این رو منطق سهمی ناچیز به نسبت هیجانات در تصمیمات خریداران دارد. شاید به همین دلیل است که نمی‌توان هیچ‌گاه نقش نیروهای فروش را بویژه در فروش صنعتی از فرایند فروش حذف کرد و برای مثال صرفاً به‌صورت آنلاین فعالیت کرد؛ چرا که منطق در مهندسی اقناع ناتوان است و قادر نیست به تنهایی مصرف‌کنندگان را برای خرید متقاعد کند.

زیگ زیگلار که خود سالها در کسوت یک متخصص با تجربه‌ی فروش فعالیت کرده بود، باور داشت که مردم مبتنی بر عوامل احساسی و هیجانات خود خرید می‌کنند و از همین رو برای توجیه اقدام احساسی خود به دلایل منطقی نیاز دارند.

به طور کلی می‌توان گفت که پنج عامل احساسی رفتار خرید را تحریک می‌کنند: تکبر و غرور، ترس، احساس گناه، احساس علاقه و عشق، و حسادت. بدین‌رو، در تماسها و تعاملات مرتبط با فروش می‌بایست عوامل هیجانی را هدف بگیرید.

اما مؤلفه‌های سازنده‌ی تأثیر هیجانی چه چیزهایی هستند؟ دکتر آلبرت

محرابیان، از استادان ایرانی مقیم امریکا و استاد برجسته‌ی روانشناسی در دانشگاه معتبر یوسی‌ال‌ای (UCLA)، در تحقیقات خود به این نتیجه دست یافته که احساسات و نگرشها، ۷ درصد به‌وسیله‌ی کلمات، ۳۸ درصد به‌وسیله‌ی تُن صدا، و ۵۵ درصد از طریق زبان غیرکلامی (زبان بدن) انتقال می‌یابد. از آنجا که اغلب، نیروهای فروش از تلفن به‌عنوان ابزاری اساسی در برقراری ارتباط با خریدار استفاده می‌کنند، چگونه گفتن و چگونه ادا کردن کلمات (تُن صدا و احساس نهفته در آن) پنج برابر تأثیر هیجانی بیشتری از آنچه که می‌گوییم (خود کلمات) دارد.

بنابراین توانایی فروشندگان در انجام موارد زیر است که موجب افزایش تأثیر عاطفی آنها بر فرایند فروش می‌شود:

- به‌وجود آوردن احساس اعتماد و همدلی
- درک آنی و در لحظه‌ی احساسات و هیجانات خریدار
- نشان دادن قدرت درک و همدلی با مشتری
- تفکر در رفتارهای احساسی خریدار
- انطباق با سرعت و نحوه‌ی سخن گفتن مصرف‌کننده
- هماهنگی با تُن صدای خریدار
- هماهنگی با انرژی هیجانی مشتری
- دارا بودن نقش مکمل در وضعیت روانی و هیجانی خریدار و اتخاذ رفتار انگیزش‌گر در مواجهه با او
- قابل اعتماد بودن، موثق بودن و خود انگیختگی
- انتقال و تبادل انرژی مثبت در طول تماس فروش
- حمایت و تقویت دیدگاههای مثبت خریدار
- استخراج ترسهای پنهان و تقاضاهای پنهان خریدار و پرداختن به آنها
- تصدیق نیاز خریدار به عزت نفس و عمل مبتنی بر حفظ کرامت او
- و ....

این موارد تنها گوشه‌ای از تکنیکهایی است که می‌توان از طریق آنها ارتباط و تعاملی سازنده‌تر و سودآورتر را با خریدار برقرار کرد. هر چند که این فهرست کامل نیست، اما رعایت هر یک از این نکات، از ما فروشنده‌ای دوست‌داشتنی‌تر می‌سازد.

همان‌طور که بارها شنیده‌ایم، فروش به معنی دادوستد با انسانها است و بازاریابی نیز فرایندی انسانی است و ما از کسانی خرید می‌کنیم که دوستشان بداریم.

هر فرهنگی، به فراخور خود اصولی را برای دوست‌داشتنی‌بودن دارا است. برای مثال گای کاواساکی، از مؤلفان و اندیشمندان شهیر بازاریابی، خاطره‌ای جالب توجه و کمی عجیب را از دیدار خود با ریچارد برانسون در کشور روسیه نقل می‌کند.

کاواساکی و برانسون پیش از آغاز مراسم سخنرانی کمی گپ و گفت می‌کنند و برانسون به عنوان بنیانگذار شرکت هواپیمایی ویرجین ایرز از کاواساکی سؤال می‌کند که بیشتر با کدام شرکت خدمات مسافرت هوایی پرواز می‌کند. وی از لابه‌لای کلمات کاواساکی متوجه می‌شود که او به برند یونایتد وفادار است، چرا که این شرکت بیشترین شأن و منزلت را برای کاواساکی قائل است.

در همین حین برانسون که در رفتارهای عجیب سرآمد است، بدون آنکه با بحثی منطقی بخواهد کاواساکی را مشتری ویرجین کند: با رفتاری دوستانه و متواضعانه و کمی شوخ‌طبعانه پای کاواساکی را می‌گیرد و شروع به تمیز کردن کفش او می‌کند! همین رفتار منحصربه‌فرد موجب آن می‌شود که برانسون و برند ویرجین به اسطوره‌ای دوست‌داشتنی در ذهن گای کاواساکی تبدیل شوند و همین دلیلی خوب برای وفادار شدن کاواساکی به برند ویرجین‌ایرز بود.

گفتار سی‌ونهم

آشنایی با تکنیک سناریوسلینگ یا فروش مبتنی بر سناریو

فروش مبتنی بر سناریو (Scenario Selling)، با تلفیق ابزارهای با فناوری ساخت بالا و فرایندهای مبتنی بر سناریوهای شبیه‌سازی و فروش، نوعی از فروش بهنگام (با سرعت بالا) و حرفه‌ای به شمار می‌رود. ماحصل این روش، کاهش زمان مورد نیاز برای اتخاذ تصمیمات پیچیده از سوی مشتری و افزایش کیفیت فروش خواهد بود.

این شیوه‌ی فروش، تکنیک تازه‌ای نیست بلکه، یک فرایند نوین در فروش محسوب می‌شود. این تکنیک به گواه برخی متخصصان و اهالی فن، یکی از برجسته‌ترین تحولات فروش پس از معرفی فروش مشاوره‌ای (Consultative Selling) در ۴۰ سال قبل است. فروش مبتنی بر سناریو، منطق و چارچوبهای مورد نیاز برای طراحی یک مدل کاملاً نوین فروش را فراهم می‌کند.

این الگوی جدید با عبور از پارادایم کلیشه‌ای فروش مبتنی بر مشاوره، موجب ایجاد بهره‌وری، برقراری تماسهای شخصی و ایجاد سیستم بازاریابی تک به تک و حرفه‌ای‌گری در بحث فروش می‌شود. فروش سناریویی

مبتنی بر تعدادی از نظریات مستدل علمی مانند یادگیری شتاب یافته (Accelerated Learning) و تندآموزی، تفکر ناب (Lean Thinking)، تولید بهنگام (JIT)، مهندسی مجدد فرایند، شبیه‌سازی، تفکر سیستمی و دیگر روندهای روزآمد بازاریابی است.

فروش مبتنی بر سناریو، با ترکیب بهره‌وری ناشی از استفاده از فناوری و با شبیه‌سازی و مقایسه‌ی بصری شرایط مشتری بالقوه با شرایط مشابه مشتریان، منافعی از جمله موارد زیر را ایجاد می‌کند:

- کوتاه شدن چرخه‌ی فروش
- افزایش و ارتقای بهره‌وری فروش (اثربخشی و بازده)
- ایجاد تجربه‌ای متفاوت و بسیار خوشایند برای مشتریان
- تمایز و کسب مزیت رقابتی

چگونه می‌توان مبتنی بر سناریوهای فروش، به فروش بیشتری دست یافت؟

در فرایند فروش مبتنی بر سناریو، مشتریان و فروشندگان همکار یکدیگر محسوب می‌شوند و به اتفاق یکدیگر از فناوریهای تعاملی بصری (مثل کامپیوتر، نمایشگرهای چندرسانه‌ای، و برنامه‌های تصویرپردازی) به‌منظور شناسایی موضوعات، حل مسائل، تصمیم‌سازی یا تصمیم‌گیری در زمان مقتضی بهره می‌برند. جدول زیر، خلاصه‌ای از ویژگیهای این نوع فروش به همراه مقایسه‌ی آن با فروش مشاوره‌ای را نمایش می‌دهد:

جدول شماره‌ی ۱

رویکرد فروش مبتنی بر مشاوره	رویکرد فروش مبتنی بر سناریو
فناوری به دور از چشم مشتری به کار می‌رود	فناوری با حضور مشتری به کار می‌رود
نقش فناوری به چاپ و تعدادی ارائه‌ی اسلاید محدود می‌شود	از فناوری به‌منظور تسهیل تعامل دیداری و شبیه‌سازی تجربه‌ی خرید استفاده می‌شود

ادامه‌ی جدول شماره‌ی ۱

تفکر مبتنی بر شبیه‌سازی	تفکر مبتنی بر گزارش‌سازی
فرایندی تعاملی است و مشتری در آن سهیم است	فرایندی مشورتی و یکجانبه بوده و کارها به‌وسیله‌ی فروشنده انجام می‌پذیرد
تغییرات و اطلاعات جدید و نیز نتایج را می‌توان با سرعت بالاتری مشاهده کرد	تغییرات و کسب اطلاعات جدید با سرعت پایین صورت می‌گیرد و منوط به برگزاری جلسات چندباره و متعدد است
نقش نیروی فروش: تسهیلگر فرایند	**نقش نیروی فروش**: منبع اطلاعات و نیز متخصص فنی

فروش سناریویی چگونه عمل می‌کند؟

فروش مبتنی بر سناریو از طریق حذف تأخیرهای موجود در فرایند فروش مشاوره‌ای عمل می‌کند. بسیاری از عاملهای تأخیر در انجام و پایان معاملات غیرضروری هستند. ابزارهای تحلیلی و ارائه‌ی گزارش در فروش مشورتی موجب ایجاد وقفه‌های غیرضروری در فرایند فروش شده، خریدار را نسبت به ادامه‌ی راه دلسرد می‌کند. در واقع در فروش مشاوره‌ای، فروشنده به جای یک انسان اثرگذار و بامهارت از دیدگاه فروش، نقش یک مشاور یا تحلیلگر را ایفا می‌کند. این فرایند ضمن هزینه‌بر بودن، زمان‌بر نیز هست. حال آنکه بسیاری از تحلیلها و بررسیها را می‌توان در حضور مشتری و با سرعت بالاتری انجام داد و نیاز به برگزاری جلسات توجیهی پرتعداد نیست. شکل زیر نمایی کلی از روش کار در فروش مشاوره‌ای را نشان می‌دهد، گام دوم در این فرایند موجب هزینه‌زا بودن و زمان‌بر بودن فروش مشاوره‌ای می‌شود.

شکل شماره‌ی ۱: فرایند فروش مشاوره‌ای

مرحله‌ی تحلیل در غیاب مشتری صورت می‌گیرد، و به همین دلیل چنانچه برای مثال سؤالی برای مشتری به وجود آید، به ناچار باید تحلیلی مجدد به‌وسیله‌ی مشاور/ فروشنده صورت گیرد و جلسات دیگری نیز برگزار شود.

حال آنکه می‌توان به کمک تصویرسازی و ابزارهای بصری، و شبیه‌سازی وضعیت مشتری فعلی با شرایط مشتریان قبلی، کار تحلیل را در حضور مشتری انجام داد و از دلسرد شدن او جلوگیری کرد. در واقع ابزاری مثل کامپیوتر یا تبلت به مثابه شبیه‌ساز پرواز هستند که به‌وسیله‌ی فروشنده هدایت می‌شود و می‌بایست در خدمت خلق تجربه برای مشتری و اقناع او به کار گرفته شوند.

مشتری نقش کمک خلبان پرواز را ایفا می‌کند و به همین دلیل به‌صورت مستقیم در چرخه‌ی فروش دخیل است.

امروزه نرم‌افزارهای متعددی در حوزه مدیریت ارتباط با مشتریان وجود دارد که برای تجزیه‌وتحلیل فروش به کار می‌روند. از طرفی ابزارهای بصری کمک شایان توجهی به تسریع تصمیم‌گیری می‌کنند.

فروش سناریویی چگونه می‌تواند تجربه‌ای خوشایندتر را برای مشتریان رقم بزند؟

فروش مبتنی بر سناریو منافع بسیاری دارد، از جمله:

- افزایش مشارکت مشتری در فرایند فروش.
- می‌توان مسائل گریبانگیر مشتری را به تصویر کشید و روی آن بحث دقیق‌تری کرد.
- موجب می‌شود که قوه‌ی تخیل مشتری به کار بیفتد و در جهت یافتن راه‌حل سازنده فکر کند، ضمن آنکه بسیاری از تقاضاهای پنهان مشتری در این مرحله عیان می‌شود.

- موجب تشویق ریسک‌پذیری، آزمودن و تجربه و اشتراک ایده‌ها می‌شود.
- موجب بهره‌ور شدن فرایند شده و از خشکی فرایند فروش می‌کاهد.
- باعث می‌شود که مشتری در مدت کوتاه‌تری پاسخ خود را دریافت کند.
- انگیزش لازم در جهت کشف و حل مسائل و نیز تصمیم‌گیری را ایجاد می‌کند.
- فروش با سرعت بیشتر و به شکل حرفه‌ای‌تری انجام می‌گیرد.
- سود و ارزش بیشتری عاید هر دو طرف می‌شود.

فروش مبتنی بر سناریو در عمل

پرسش از مشتریان بالقوه در خصوص انگیزاننده‌های کلیدی آن‌ها برای خرید، مثل "نقاط دردناک" (Points Of Pain) - نیازها - کاری دشوار و چالش‌برانگیز است، در مقابل تکنیک‌های فروش مبتنی بر سناریو می‌توانند اصطلاحاً یخ میان مشتری و فروشنده را آب کرده و موجب تسریع در فهم تقاضاهای پیدا و پنهان مصرف‌کنندگان شوند.

بسیاری از مشتریان علاقه ندارند که به شکل مستقیم مسائل و مشکلات خود را با فروشندگان در میان بگذارند و لذا در مقابل سؤالات اینچنینی مقاومت می‌کنند. برای مثال، به این سؤال کلیشه‌ای توجه کنید: "بسیار خوب، آیا در کسب‌وکارتان با چالشی مواجه هستید؟" در غالب موارد پاسخ مشتری به این سؤال "خیر" است.

تکنیک فروش سناریویی، روشی برای مطرح کردن سؤالات در قالب سناریوهایی است که وصف حال شرایط مشتری بالقوه هستند و شرایط مشتری را با شرایطی مشابه مورد مقایسه قرار می‌دهند. این پرسش‌ها بخوبی می‌توانند گارد مخاطب را بشکنند.

به مثالهای زیر توجه کنید:

● **سؤال در مورد جریان نقدینگی:**
"آقای الف، بررسیهای ما نشان می‌دهد که رخدادهایی مثل نوسانات قیمت ارز موجب برهم خوردن تعادل جریان نقدینگی در سازمانهای مرتبط با مشتریان ما می‌شود. آیا تا به حال چنین تجربه‌ای در خلال یک سال گذشته داشته‌اید؟"

● **سؤال در مورد مشکلات مالی:**
"خانم ب، گاهی در محافل مختلف می‌شنویم که وصول مطالبات بخصوص از مشتریان قدیمی کار دشواری است. حال به من بگویید آیا شما هم ظرف ۶ ماه گذشته با چنین مشکلی مواجه بوده‌اید؟"

● **سؤال در مورد رویکرد افراد و صاحبان کسب‌وکار به موضوع بازاریابی:**
"آقای الف، تجربه و همچنین نتایج تحقیقات به ما آموخته که بازاریابی خدمات، یک چالش است بویژه زمانی که صاحبان کسب‌وکار مهندس و پزشک هستند و بازاریاب نیستند. اجازه دهید سؤال کنم که رویکرد شما به بازاریابی چیست و چه نتایجی را تجربه کرده‌اید؟"

● **سؤال در مورد مشکلات سرمایه‌گذاری:**
"خانم ب، آنچه امروز در بازار شاهد هستیم، ناامیدی برخی سرمایه‌گذاران در خصوص دریافت سود منطقی از سرمایه‌گذاریشان است و این مسأله روی راهبرد سرمایه‌گذاری آنها اثر گذاشته است. تجربه‌ی شما در خصوص نرخ بازده سرمایه‌گذاری در یک سال اخیر چگونه است؟"

همانگونه که مشاهده می‌شود، فروش مبتنی بر سناریو متشکل از دو

بخش اصلی است:

۱- مطرح کردن اولیه‌ی نقاط درد / دغدغه‌ها و یا مسائل مبتلابه مشتری به‌وسیله‌ی تشبیه آن به تجارب دیگران. این مرحله شبیه‌سازی نام دارد و می‌توان به‌وسیله‌ی ابزار فناوری و بصری مثل نمودارها، سر بحث را باز کرد و فضا را آماده‌ی طرح سؤالات اساسی کرد.

۲- مطرح کردن سؤالات باز (مثل نظر شما درباره‌ی این موضوع چیست، تجربه‌ی شما چه می‌گوید، و...) که موجب می‌شود مخاطبان موضوع را از زوایای مختلف مورد بررسی قرار دهند. در این مرحله بسیاری از تقاضاهای واقعی مخاطبان روشن می‌شود و می‌توان مبتنی بر آن، راهکار پیشنهاد کرد.

زمانی که فرد در مرحله‌ی شبیه‌سازی، با تجارب مشابه سایرین آن هم در قالب تصاویر، نمودارها، و... آشنا می‌شود، به حل مسائل خود به‌وسیله‌ی شما امیدوارتر خواهد شد و اعتماد او به فروشنده چند برابر می‌شود. عینی بودن سناریوهای فروش، نقطه‌ی قوت آنها به شمار می‌رود و به مشتری در تصمیم‌گیری بهینه کمک می‌کند. از طرفی فروشنده‌ها نیز می‌توانند سؤالات را با دقت و سهولت بیشتری مطرح و پاسخهای مبسوط‌تری دریافت کنند. با توجه به تجارب قبلی خود، سناریوهای مختلف را در قالب تصاویر، نمودارها، و محتوا درآورید و در حضور مشتری به نمایش بگذارید و در همین حین سؤالات خود را به‌صورت باز مطرح کنید و نظاره‌گر نتایج بسیار مثبت این روند روی بیلان فروش خود باشید.

گفتار چهلم

مدیریت انگیزه
در فروش

هیچ چیز در دنیا کاملاً غلط نیست. حتی ساعتی که خراب است، دو بار در طول شبانه‌روز زمان درست را نشان می‌دهد.
(پائولو کوئیلو)

برخورداری فروشندگان از انگیزه‌ی بالا، از مباحث بسیار مهم و اساسی در حوزه‌ی فروش است. به قول زیگ زیگلار نمی‌توان از کسی انتظار داشت که با لباس شکست از پله‌های موفقیت بالا رود و مسلّماً فروشنده‌ها نیز از این قاعده مستثنی نیست. هیچ‌کس از جمله یک فروشنده در خلأ کار نمی‌کند و نمی‌تواند فارغ از دغدغه‌ها و نیازهای زندگی غیرکاری‌اش به سر کار بیاید. فروشنده‌ای که مسلح به سلاح قدرتمند انگیزه نباشد، در برخورد با شکستهایی که در کار فروش اجتناب‌ناپذیر هستند، خیلی زود قافیه را می‌بازد.

فروشندگان مجبورند برای تأمین نیازهای خود و خانواده‌ی خود سخت کار کنند و به همین دلیل، استرس و فشار جزئی از کار آنها محسوب می‌شود. کمک به فروشندگان و به‌طور کلی تیم فروش برای داشتن و

ساختن یک زندگی خانوادگی و معنوی خوب و هماهنگ کردن این زندگی با زندگی حرفه‌ای می‌تواند انگیزی آنها را برای دستیابی به نتایج بهتر افزایش دهد.

انواع انگیزه برای فروشندگان

به طور کلی دو نوع نیاز انگیزشی برای یک تیم فروش وجود دارد:

۱) انگیزه‌ی مستمر که بخشی از استراتژیهای کلی کسب‌وکار است و نوعی طرز تفکر و دیدگاه است.

۲) انگیزه در کوتاه‌مدت برای جبران شکستهای روزمره و مهیا شدن برای ادامه‌ی راه.

مثلاً فروشنده‌ای را در نظر بگیرید که یک تماس تلفنی ناموفق داشته، مشتری از او خرید نکرده و این عدم موفقیت روحیه‌ی او را بشدت تحت تأثیر قرار داده است. حال اگر قرار باشد او ۵ دقیقه‌ی بعد یک تماس خیلی مهمتر از تماس قبلی داشته باشد، عدم وجود انگیزه‌ی کافی می‌تواند خسارتهای سنگینتری برای او، تیم فروش، و به‌طور کلی کسب‌وکار در پی داشته باشد.

فروشندگان نیازهای گوناگون و بعضاً متضادی با یکدیگر دارند، بنابراین راه ایجاد انگیزه در آنها نیز متفاوت و متنوع است. مدیران فروش باید تک‌تک کارکنان فروش خود را بشناسند و نوع درست پاداش را برای هر فرد انتخاب کنند. به طور کلی محرکهای ایجاد انگیزه به دو دسته تقسیم می‌شوند:

۱- محرکهای مالی: حقوق، کمیسیون و پاداش

۲- محرکهای غیرمالی: خدمات بیمه‌ای بهتر، شناخته شدن در گروه، اجازه‌ی اظهارنظر کردن در جلسات، و...

در خرده‌فروشی معمولاً از اتکا به یک روش (مثلاً فقط حقوق یا فقط

کمیسیون) خودداری می‌شود و معمولاً ترکیبی از آنها برای انگیزه‌بخشی به فروشندگان به کار گرفته می‌شود. حرکت به سمت پورسانت، یکی از عوامل کلیدی موفقیت در خرده‌فروشی است.

مگر تمام شوتهای یک فوتبالیست گل می‌شوند؟

برای انگیزه بخشی به نیروی فروش با عوامل غیرمالی، می‌توان از شباهت میان فروش و ورزش استفاده کرد.

از میان شوتهایی که یک بازیکن فوتبال به سمت دروازه روانه می‌کند، هر چند تا یکی منجر به گل می‌شود؟ مسلّماً تمام شوتهای یک بازیکن تبدیل به گل نمی‌شود ولی پس از هر شوت او برمی‌خیزد و دوباره به تلاش خود ادامه می‌دهد و برای این کار میلیونها تومان هم پول می‌گیرد. فروش هم همین‌طور است و فروشندگان قرار نیست از تمام تلاشهای خود نتیجه بگیرند. داشتن روانشناسی موفقیت و اینکه انتظار موفقیت را داشته باشیم نیز می‌تواند از عوامل انگیزشی برای فروشندگان باشد.

البته نکته‌ی دیگری که می‌توان از شباهت ورزش و فروش به دست آورد این است که یک ورزشکار برای چند دقیقه بازی، ساعتها و روزها تمرین می‌کند تا در زمان بازی بهترین عملکرد را داشته باشد و بهترین نتیجه را به دست آورد. فروشندگان نیز باید برای برقراری هر تماس یا شرکت در هر جلسه، کاملاً آماده و مهیا باشند.

یکی از بخشهای بسیار مهم نیازهای بشر، احساس تعلق است. اگر در تیم فروش فرهنگ اعتماد شکل گیرد و هر فروشنده نسبت به تیم، احساس تعلق کند، مطمئناً به این بخش از نیازهای او نیز پاسخ داده خواهد شد.

مدیریت انگیزه در شرکتهای بزرگ

نکته‌ی بسیار مهم که در بحث مدیریت انگیزه در شرکتهای بزرگ دنیا به

چشم می‌خورد، این است که این شرکتها بحث پاداش و انگیزه بخشیدن به فروشنده‌ها را با هدفهای استراتژیک کلی شرکت ترکیب می‌کنند. مثلاً در تویوتا، کسب رضایت مشتری که یکی از هدفهای استراتژیک است، به‌عنوان معیاری برای دادن پاداش به فروشنده‌ها تعیین شده است. شرکت ای‌تی‌اندتی (AT&T)، پا را یک قدم فراتر گذاشته و ارزیابی و پاداش نیروهای فروش در این شرکت بر اساس دانش آنها در سه حوزه تعیین می‌شود:

۱) دانش عمیق از خط تولید ای‌تی‌اندتی و رقبای آن

۲) توانایی نشان دادن و مرتبط ساختن این دانش با کسب‌وکار مشتری و توسعه‌ی برنامه‌هایی برای کمک به مشتری

۳) موفقیت در توسعه‌ی نقاط قوت خود و همکاران.

به طور کلی مدیریت انگیزه در تیم فروش نیازمند درک کامل نیازهای فروشنده‌ها و تعیین روش درست برآورده کردن آن نیازها است. ایجاد بستر اعتماد و تعلق به گروه در کنار مدیریت درست محرکهای مالی و غیرمالی و هماهنگی آنها با هدفهای کلی سازمان، از عوامل انگیزشی برای ارتقای عملکرد یک تیم فروش به حساب می‌آیند.

پیوست

گفت‌وگو با دکتر دومینیک دی ماتیا، مشاور اقتصادی، روان‌پزشک

از طوفان سهمگین رکود عبور کنید و آسوده بفروشید

● **یک فروشنده چطور باید بر ترس از رکود غلبه کند؟**

ما باید بین خواسته‌های منطقی و ترس‌های اغراق‌شده‌ی خود تمایز قائل شویم. به نظر من درست نیست که کسی علامت‌های هشدار یک اقتصاد رو به افت را نادیده بگیرد.

فروشندگان هم باید مثل همه قبض‌هایشان را پرداخت کنند. وقتی که آن‌ها می‌بینند کارمندان اخراج می‌شوند، این سؤال را از خود می‌پرسند که کی نوبت من می‌شود؟

خطر اصلی زمانی است که افکاری چون "اگر اخراج شوم، نمی‌توانم خانواده‌ام را تأمین کنم" و یا "اگر اخراج شوم، نمی‌توانم شغل جدیدی پیدا کنم"، را بزرگ‌نمایی کنید. چنین افکاری استرس زیادی را برای افراد به وجود می‌آورند و باعث کاهش کارآیی‌شان می‌شود.

● **منظور شما این است که تحلیل وضعیت آینده‌ی اقتصاد اشکالی**

ندارد ولی اینکه آینده‌ی بدی را پیش‌بینی کنیم، احمقانه است؟
دقیقاً، این واکنش که "هیچ امیدی نیست، من هیچ راهی ندارم، من دیگر تحمل جواب نه شنیدن را ندارم، هیچ کسب‌وکار دیگری نیست و مشتریان، خرید نمی‌کنند"، مناسب چنین شرایطی نیست.

اگر فروشنده چنین پیش‌بینی‌هایی را انجام دهد، سطح اضطراب و استرس وی به‌طور قابل توجهی افزایش می‌یابد و در نتیجه، سراغ فعالیت‌هایی مثل مصرف موادمخدر، قمار، و بی‌هدف رانندگی کردن می‌رود تا با واقعیت‌های ناراحت کننده‌ی کسب‌وکار روبه‌رو نشود.

واکنشی که مناسب شرایط نباشد، مثل یک قطار لجام‌گسیخته است. وقتی سرعت می‌گیرد، به سختی متوقف می‌شود. اضطراب، اغلب باعث کاهش کارآیی و گاهی سبب می‌شود که حتی موفقیت غیرممکن شود.

در دوران رکود فروشنده‌های باهوش به دنبال منابع جایگزین برای درآمد خود می‌گردند.

● برای کاهش استرسی که در دوران رکود پیش می‌آید، چکار می‌توانیم بکنیم؟

مهم است که افکارمان را درباره‌ی رکود، از احساس اضطراب جدا کنیم. رکود باعث اضطراب نمی‌شود، تفسیرها و ارزیابی‌های ما باعث اضطراب می‌شوند. در واقع، احساسات ما نتیجه‌ی افکارمان هستند نه نتیجه‌ی حوادث خارجی.

من افراد زیادی را می‌شناسم که رکود را به منزله‌ی فرصتی می‌دانند تا به‌طور موقت سرمایه‌گذاری کنند. این افراد معتقدند که می‌توانند از این شرایط به نفع خود استفاده کنند.

● در دوران رکود فروشندگانی هم وجود دارند که با وجود فروش

پایین فکر می‌کنند نسبت به رکود، مصون هستند. این تفکر چگونه در فرد شکل می‌گیرد؟

این افراد از تغییرات اساسی و یا از دست دادن شغلشان می‌ترسند. بنابراین تصمیم می‌گیرند که در جهت مخالف مبالغه کنند. آنها به شما می‌گویند که همه چیز عالی است ولی نمی‌توانند اجاره‌ی خود را بپردازند. فکر اینکه ناموفق هستند، ترس و ناراحتی زیادی را در آنها ایجاد می‌کند، بنابراین برای جلوگیری از چنین احساس ناخوشایندی، آنها تأثیر رکود را بر خود انکار می‌کنند.

وقتی به همه می‌گویند که همه چیز عالی است، آسودگی کوتاه‌مدتی برای آنها ایجاد می‌شود که در درازمدت به بحران تبدیل می‌شود.

● فروشندگان در شرایطی که مشتریانشان نسبت به اقتصاد بسیار بدبین می‌شوند، چکار می‌توانند انجام دهند؟ شما چطور با مشتریانی که به خاطر رکود دچار استرس شده‌اند، برخورد می‌کنید؟

ما باید درباره‌ی گزینه‌هایمان منطقی و واقع‌بین باشیم و بپذیریم که بازار ما درصد مشخصی کاهش داشته است.

بنابراین برای موفقیت باید تلاش بیشتری کنیم و هر روز تماس‌های بیشتری برقرار کنیم. همچنین باید در فروش خلاقتر باشیم، با مشتریان با صبر بیشتری برخورد کنیم و این احتمال را که به اندازه‌ی سال قبل فروش نداشته باشیم، بپذیریم. البته باید بدانیم این به معنی شکست نیست.

یک فروشنده باید به خود یادآوری کند که زندگی بالا و پایین دارد. هیچ چیز فقط در یک مسیر مستقیم حرکت نمی‌کند. وقتی با مشتری خود ملاقات می‌کنید، به خود بگویید که این شرایط چالش‌برانگیز ولی طبیعی است. اوضاع، اوضاع خوبی نیست اما شما تلاش خود را خواهید کرد که به بهترین راهکار دست یابید و مشکل را حل کنید نه اینکه در برابر

نگرانیهایی که در مورد آینده دارید، تسلیم شوید.

اگر متوجه علائم نگرانی در کارکنان خود شدید، به سرعت روش کار خود را تغییر دهید. سعی کنید به مشتری خود کمک کنید تا بتوانید به او چیزی بفروشید. از او سؤال بپرسید تا بفهمید که شرایط کسب‌وکار او چگونه است. سعی کنید به درک درستی از افکار و احساسات او دست یابید. سپس سعی کنید به ترسهای اغراق‌شده‌ی آنها بپردازید.

● یعنی قبل از بررسی مسائل مربوط به کسب‌وکار باید به احساسات توجه کرد؟

بله، کاملاً درست است. در حال حاضر ما در شرایط دشواری قرار گرفته‌ایم. سعی کنید با گفتن این جمله با مشتریان خود حس شراکت و همدردی ایجاد کنید: "هر دوی ما در گذشته در شرایط دشوارتر قرار گرفته‌ایم و ما می‌خواهیم با همکاری شما به ایده‌های جدیدی دست پیدا کنیم تا هر دو موفق شویم." به هیچ وجه نباید به مشتریان خود بگویید که همه چیز عالی خواهد شد؛ چرا که این کار آنها را عصبانی و آزرده خواهد کرد. بهتر است به جای بی توجهی به بحران یا مواجهه با آن، در برابر آن مقاومت کنید.

● بیشتر اوقات مشتریان حال خوشی ندارند و علاقه‌ای به شنیدن نشان نمی‌دهند. چگونه می‌توان توجه آنها را جلب کرد؟

در وهله‌ی اول، باید در مورد کسب‌وکار آنها اطلاعات و آمار دقیقی داشته باشیم. در شرایط اقتصادی نامشخص، این اطلاعات بسیار مفید هستند. ممکن است کسب‌وکار مشتری با رکود ۱۲ درصدی مواجه شده باشد، اما ۸۸ درصد کسب‌وکار آنها کماکان فعال است.

رکود به این معنا نیست که اقتصاد کاملاً متوقف می‌شود. دوازده درصد رکود به این معنا نیست که شما باید تمام خریدها را متوقف کنید. من به

مشتریان خود کمک می‌کنم که بر افکار خود مسلط شوند؛ زیرا افکار ما، سرچشمه‌ی احساسات ما هستند.

فروشندگان خوب بر این باورند که می‌توان افکار و در نتیجه احساسات را تغییر داد. با اندکی تلاش، می‌توان به مشتریان خود کمک کرد تا افکار و احساسات متفاوتی داشته باشند.

• برای تغییر نگرش مشتریان از چه تکنیکهایی می‌توان استفاده کرد؟

می توانید از مشتریان خود بپرسید، "چگونه ناامیدی از شرایط اقتصادی می‌تواند شما را به اهدافتان برساند؟" یا اینکه "فکر کردن به‌اینکه شکست خورده‌اید، چه محاسن و معایبی دارد؟"

می‌توانید دشواری شرایط کنونی را با گفتن این جمله تأیید کنید: "درست است، ما با مانع سختی برخورد کرده‌ایم، اما با ناامید شدن و گوشه‌ای نشستن چیزی درست نمی‌شود."

آیا تا به حال شده است که به محل کار خود بروید و احساس عجز داشته باشید؟ احساس کنید نمی‌توانید کار خود را به درستی انجام دهید؟ اما زمانی که وظایف خود را کمتر می‌کنید، احساس بهتری در مورد شغلتان به دست می‌آورید. مدیریت احساسات مشتریان نیز به همین صورت است. زمانی‌که این احساسات و ایده‌های اغراق‌شده را در خود کاهش دهید، به مشتریان خود کمک می‌کنید که نگاه دقیقتری داشته باشند.

• اگر به مشتریان یادآوری کنیم که در گذشته توانسته‌اند شرایط سخت را مدیریت کنند، چقدر می‌تواند تأثیرگذار باشد؟

فکر بسیار خوبی است. زمانی را که صنعت الکترونیک در بوستون دچار افول شد، من کاملاً به یاد دارم. در آن زمان فارغ‌التحصیلان دانشگاه MIT کارهای سخت و عجیبی مانند نقاشی منازل انجام می‌دادند.

بسیاری از این افراد از این فرصت برای ایجاد تغییرات اساسی در زندگی خود استفاده کردند و در مشاغل دیگر بسیار موفق بودند. با وجود این، گروهی از مردم نتوانستند خود را با شرایط جدید وفق دهند و از هم پاشیدند.

اگر در مواجهه با تغییرات زندگی انعطاف‌پذیر نباشید، در دوران رکود اقتصادی با مشکلات جدی روبه‌رو خواهید شد. فروشندگان باید بدانند اگر به کار و تلاش خود ادامه دهند، چه اتفاقی می‌افتد. تاریخ بشر پر از تلاشها و تقلاهای او است.

از ابتدای تاریخ بشر، رکودهای اقتصادی، خشکسالی‌ها، و شرایط ناگوار اقتصادی به فراوانی رخ داده است. آنهایی می‌توانند مقاومت کنند که خود را با شرایط وفق دهند.

● **فرض کنیم شما مدیر فروش هستید و متوجه می‌شوید که فروشندگان شما نگران از دست دادن شغل خود هستند. چگونه به آنها کمک می‌کنید؟**
چند نکته‌ی اساسی در مورد رکود اقتصادی را به آنها یادآور می‌شوم. اول اینکه به آنها می‌گویم رکود برای همیشه باقی نخواهد ماند. دوم اینکه در تلاش آنها برای غلبه بر چالشهای جدید با آنها سهیم می‌شوم. سومین کاری که انجام می‌دهم این است که تصویری صادقانه از فرصتها، شرایط مالی شرکت، و چشم‌انداز رشد آینده را برای آنها ارائه می‌کنم.

واقعیت این است که در دوران رکود نیز مردم به زندگی خود ادامه می‌دهند و کالاها و خدمات مورد نیاز خود را خریداری می‌کنند. در نهایت هم به آنها یادآوری می کنم شرایط سخت به معنی ورشکستگی و کارتن خوابی نیست.

● **ممکن است به برخی از روشهای نامناسب که مدیران فروش برایَ**

حل این مشکل به کار می‌برند، اشاره کنید.

یکی از ناکارآمدترین روش‌ها این است که مدیر فروش به فروشنده‌ها بگوید: "اوضاع سخت است، باید بیشتر بفروشیم و اگر اوضاع به سرعت خوب نشود، بعضی از شما شغلتان را از دست خواهید داد." این نوع تهدیدات نتیجه‌ای جز افزایش سطح اضطراب فروشندگان و کاهش کیفیت عملکرد آنها ندارد.

• **همچنین ممکن است برخی از فروشندگان تحریک شوند که اصول اخلاقی خود را زیر پا بگذارند.**

بله، اگر مدیر بگوید "به هر قیمتی بفروشید"، ممکن است فروشنده‌ها مجبور شوند اصولشان را زیر پا بگذارند و البته این کار باعث می‌شود که شرکت بیش از آن چیزی که در یک دهه به دست آورده است، در عرض چند ماه از دست بدهد.

• **درست است که تهدید کردن برای زیر پا گذاشتن اصول اخلاقی کار درستی نیست، اما اگر بقای شرکت واقعاً در حال تهدید شدن باشد، باید چکار کرد؟**

کارکنان فروش را جمع کنید و صادقانه به همه‌ی آنها بگویید: "ببینید، مشخص است که ما با مشکلی جدی مواجه هستیم." حقایق را پنهان نکنید. بگویید که اوضاع نامساعد است. بگویید "ما می‌توانیم دوام بیاوریم تنها در صورتی که از همین حالا روش کار کردن خود را عوض کنیم. بیایید ببینیم چگونه می‌توانیم بیشترین سهم فروش را در این صنعت از آن خود کنیم."

سناریوهای مختلف را با تیم خود طراحی کنید. با اعضای اصلی گروه به بحث درباره‌ی مشکلات و فرصتها بپردازید. همچنین به فروشندگان خود کمک کنید درک کنند که تغییرات جدید باعث کاهش درآمد برخی

از آنها خواهد شد ولی این بدین معنی نیست که اوضاع وحشتناک است. موضوع مهم، انعطاف‌پذیری و تطابق با تغییرات است. اگر فروشنده‌ها به کسب درآمدهای بالا عادت کرده‌اند، بهتر است در زندگی شخصی خود نیز تغییراتی ایجاد کنند. به آنها کمک کنید که حقیقت را بپذیرند. به آنها بگویید که ممکن است برای مدتی درآمد آنها کاهش یابد ولی یادآور شوید که قبلاً در کسب‌وکار خود فراز و نشیب داشته‌اید.

تنها چیزی که شما از آنها می‌خواهید این است که سخت‌تر و با هوشمندی بیشتر کار کنند، صبور و باپشتکار باشند و قدر مشتریانشان را بدانند. کیفیت خوب و ایده‌های خوب در هر شرایط اقتصادی کمیاب هستند؛ سعی کنید آنها را پرورش دهید.

● همه می‌گویند باید سخت‌تر کار کرد. منظور از سخت‌تر کار کردن دقیقاً چیست؟

سخت‌تر کار کردن یعنی اینکه به کار خود ادامه دهید حتی اگر هیچ پاداشی برای آن دریافت نمی‌کنید. سخت‌تر کار کردن یعنی اینکه هر روز چند تماس بیشتر برای فروش بگیرید، بدون اینکه انتظار داشته باشید فروش بیشتری داشته باشید.

● یک مدیر فروش چگونه می‌تواند کاری کند که اضطراب کارکنان فروش روی کار او تأثیر نگذارد؟

سر و کار داشتن با فروشنده‌ها مانند کاری است که والدین انجام می‌دهند. کودکان در بعضی شرایط دست به اغراق و مبالغه می‌زنند یا واکنشهای افراطی از خود نشان می‌دهند. به عنوان یک مدیر فروش، من باید در میان اعضای تیمم اطمینان خاطر به وجود آوردم. من باید این توان را داشته باشم که پذیرای احساسات فروشنده‌ها باشم و در مواقع بحرانی به آنها

کمک کنم.

• شما روشی را برای مقابله با استرس فروشندگان طراحی کرده‌اید، لطفاً درباره‌ی این روش توضیحاتی برای ما ارائه دهید.

این روش ABC نام دارد. وقتی که مضطرب هستید، بنویسید که چه احساسی دارید. برای مثال ممکن است فرد بنویسد: "من نگران آمار فروشم هستم". سپس بنویسید این ترس از کجا نشأت گرفته است. مثلاً اینکه "امروز روز بیستم ماه است و من تنها ۵۰ درصد از آمار فروش ماه‌های قبلی را داشته‌ام. این یعنی من در کارم کاملاً ناموفق بوده‌ام و شغلم را از دست خواهم داد". سپس دنبال ایده‌ها و نظرات مبالغه‌آمیز باشید، مانند اینکه "کاملاً ناموفق" بوده‌ام.

گام سوم یافتن استدلال‌هایی است که درستی عبارات مبالغه‌آمیز را زیر سؤال ببرند. مثلاً اینکه بگویید: "من تا همین جا ۵۰ درصد از آمار فروشم را به دست آورده‌ام، پس ناموفق نیستم. چه چیزی باید به خودم بگویم که به مسیر درست بازگردم؟

این ماه، ماه سختی بوده است اما آنقدر هم که فکر می‌کنم، بد نبوده است. چکار کنم که در ده روز پایانی این ماه بیشتر بفروشم؟ چه ایده‌هایی می‌توانند برای فروش بیشتر به من کمک کنند؟"

• آیا تصویرسازی مثبت کمکی به ما می‌کند؟

بله، فروشندگان می‌توانند چشمانشان را ببندند، بدترین سناریوی ممکن را تصور کنند و سپس مرحله به مرحله از ناگواری آن بکاهند. یعنی اینکه این سناریو را از شکل "وحشتناک" به صورت "خیلی سخت" و سپس به شکل "نه چندان راحت" درآورند. همه‌ی ما باید قدرت تحملمان را بالا ببریم. رکود، آزاردهنده است، اما غیرقابل مدیریت نیست.

● در مورد اهداف شرکت چه نظری دارید؟ در اقتصادی که با رکود مواجه شده است، این اهداف چگونه باید تغییر کنند؟

به نظر من باید از فلسفه‌ی "بیشتر و بهتر" به سمت فلسفه‌ی "به‌اندازه و کافی" حرکت کنیم. نباید روی این نکته پافشاری کرد که فروش این فصل حتماً باید از فصل قبل بیشتر باشد.

در دوران رکود باید هدفهای جدیدی برای کسب‌وکار تعریف کرد. این یعنی اینکه باید هزینه را به گونه‌ای کم کرد که کسب‌وکار بتواند به حیات خود ادامه دهد و آنقدر بفروشد که لازم نباشد کسی را اخراج کرد.

در سطح شخصی، فروشنده‌ها باید اهداف اقتصادی خود را طوری تعیین کنند که آنقدر درآمد داشته باشند که به استانداردهای مورد نظر زندگیشان دست یابند و همچنین اهداف روانشناسی برای خود تعیین کنند تا احساس خوبی درباره‌ی خود داشته باشند.

● منبع: کتاب "توسعه مهندسی بازار" با بزرگان بازاریابی و تبلیغات جهان
● انتشارات بازاریابی

آشنایی با فعالیتهای

شرکت توسعه مهندسی بازارگستران آتی
(TMBA)

TMBA در یک نگاه

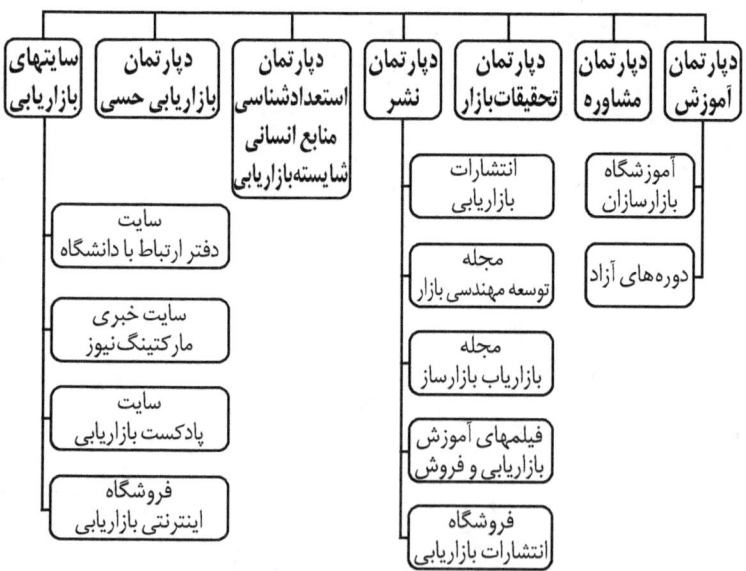

نشانی: تهران، خیابان آزادی، جنب مترو آزادی، خیابان شاهین، پلاک ۶، طبقه ۳،
صندوق پستی: ۱۳۴۴۵/۱۳۴۵ - تلفن: ۴-۶۶۰۲۸۴۰۱ - فاکس: ۶۶۰۲۸۴۰۵ - همراه: ۰۹۱۲۱۹۹۴۲۸۱
www.TMBA.ir   Email: info@TMBA.ir

شرکت توسعه مهندسی بازار گستران آتی
(TMBA)

شرکت توسعه مهندسی بازارگستران آتی، تنها شرکت بازاریابی در ایران است که تمامی فعالیتهای آموزش بازاریابی، مشاوره بازاریابی، تحقیقات بازاریابی، انتشارات بازاریابی (کتابهای بازاریابی و مجله‌ی بازاریابی با عنوان توسعه مهندسی بازار، و بازاریاب بازارساز)، استعدادشناسی منابع انسانی شایسته‌ی بازاریابی، و بازاریابی حسی را بر عهده دارد.

■ شماره‌ی ثبت: ۲۳۷۸۰۸   ■ سال تأسیس: ۱۳۸۳

● **مدیریت** TMBA:
مدیریت TMBA بر عهده‌ی پرویز درگی، مدرس دوره‌های تخصصی بازاریابی در مقطع کارشناسی ارشد دانشگاه، مشاور و محقق بازاریابی است.

● **رسالت** TMBA:
ارتقای سطح کسب‌وکار بنگاههای اقتصادی طرف قرارداد با ارائه‌ی خدمات آموزشی، مشاوره، تحقیقات، و نشر مباحث بازاریابی به نحوی که بتوانیم

نشانی: تهران، خیابان آزادی، جنب مترو آزادی، خیابان شاهین، پلاک ۶، طبقه ۳
تلفن: ۴-۶۶۰۲۸۴۰۱ - همراه: ۰۹۱۲۱۹۹۴۲۸۱
www.TMBA.ir   Email: info@TMBA.ir

ارزش مطلوبتری را برای مشتریان ارائه دهیم و در راستای رسیدن به هدفهای فوق در فضای رقابتی موفق باشیم.

• شعار خانواده‌ی TMBA:
امید، آگاهی و مهارت را با دقت، سرعت و کیفیت عرضه می‌کنیم.

• دپارتمان آموزش/ آموزشگاه بازارسازان
طراحی و برگزاری دوره‌های آموزشی با هدف توسعه‌ی مهارتها و مشاغل حوزه‌ی بازاریابی و فروش، بر عهده‌ی این دپارتمان و آموزشگاه بازارسازان است. مخاطبان این برنامه‌های آموزشی، مدیران عالی، مدیران بازاریابی و فروش، سرپرستان فروش، فروشندگان حرفه‌ای و ویزیتورها هستند.
▪ ثبت‌نام و اطلاعات بیشتر:
www.Marketingschool.ir www.Bazarsazanschool.ir

• دپارتمان مشاوره:
تدوین استراتژی بازاریابی، تهیه‌ی برنامه‌ی بازاریابی، طراحی و پیاده‌سازی سازمان بازاریابی و فروش از آغاز تا انجام (A تا Z)، چگونگی ارتقای فروش، و مشاوره در ابعاد مختلف تبلیغات، صادرات، قیمت‌گذاری، توزیع، برندینگ و... را این دپارتمان عهده‌دار است.
▪ اطلاعات بیشتر:

www.Marketingconsulting.ir

نشانی: تهران، خیابان آزادی، جنب مترو آزادی، خیابان شاهین، پلاک ۶، طبقه ۳
تلفن: ۴-۶۶۰۲۸۴۰۱ - همراه: ۰۹۱۲۱۹۹۴۲۸۱
Email: info@TMBA.ir www.TMBA.ir

• دپارتمان ارزیابی و پرورش استعدادهای بازاریابی و فروش

این دپارتمان با تمرکز بر فرایندهای حوزه‌ی مدیریت منابع انسانی، با ارائه‌ی راهکارهای مؤثر برای جذب و استخدام نیروهای شایسته، و توسعه‌ی مهارتهای حرفه‌ای و بهبود عملکرد تیم فروش، زمینه‌ی توسعه‌ی کسب‌وکار کارفرمایان خود را فراهم می‌سازد.

■ اطلاعات بیشتر:
www.Marketingjobs.ir

• دپارتمان تحقیقات بازار

طرح شناخت (مطالعه‌ی محیط داخلی بنگاه اقتصادی)، تحقیقات تست ایده، تست محصول، سنجش صدای مشتری، سهم بازار، به همراه موضوعات متنوع تحقیقات بازار را این دپارتمان بر عهده دارد.

■ اطلاعات بیشتر:
www.Marketing-Research.ir

• دپارتمان بازاریابی حسی - میدانی

فعالیتهای این دپارتمان در دو حوزه‌ی بازاریابی حسی، و بازاریابی میدانی است. این دپارتمان متخصص برگزاری پروژه‌های میدانی از قبیل سمپلینگ، بازارپردازی، خرید مخفی، و... همچنین طراحی، اجرا و اندازه‌گیری اثربخشی پروژه‌های بازاریابی حسی و تجربه‌ی زنده‌ی برند است.

■ اطلاعات بیشتر:
www.Fieldmarketing.ir   www.Experientialmarketing.ir

نشانی: تهران، خیابان آزادی، جنب مترو آزادی، خیابان شاهین، پلاک ۶، طبقه ۳
تلفن: ۴-۶۶۰۲۸۴۰۱ - همراه: ۰۹۱۲۱۹۹۴۲۸۱
www.TMBA.ir   Email: info@TMBA.ir

• دپارتمان نورومارکتینگ

TMBA در ایران به عنوان متحول‌کننده‌ی رشته‌های مدیریت بویژه مدیریت بازاریابی، و بر پایه‌ی روابط و مناسباتی که با برترین دانشگاههای پیشرو، مجامع علمی، استادان برجسته‌ی دانشگاهی و مؤسسات برتر جهانی در حوزه‌ی "نورومارکتینگ" دارد، در رشته‌ی بازاریابی، آغازگر تحولات بازاریابی نوین (عصب‌شناسی + بازاریابی) است.

▪ اطلاعات بیشتر:

www.NeuroMarketing.ir

• بانک مقالات بازاریابی / دفتر ارتباط با دانشگاه

بانک مقالات بازاریابی حاوی ۳۰۰۰ مقاله‌ی علمی پژوهشی است به نشانی www.marketingarticles.ir.

دفتر ارتباط با دانشگاه حاوی اخبار فعالیتهای علمی پژوهشی است در حوزه‌ی بازاریابی و یا رشته‌های مرتبط نظیر MBA، روانشناسی، مدیریت، و...

▪ اطلاعات بیشتر:

www.Universityandmarket.ir

• مارکتینگ‌نیوز

مارکتینگ‌نیوز، سایت خبری است که وظیفه دارد اخبار حوزه‌های مختلف

نشانی: تهران، خیابان آزادی، جنب مترو آزادی، خیابان شاهین، پلاک ۶، طبقه ۳
تلفن: ۴-۶۶۰۲۸۴۰۱ - همراه: ۰۹۱۲۱۹۹۴۲۸۱
www.TMBA.ir Email: info@TMBA.ir

علمی، بازاریابی، تبلیغات، و... را در ایران و جهان انعکاس دهد. سایت مارکتینگ‌نیوز از سال ۱۳۸۷ تاکنون با ارائه‌ی تازه‌ترین اخبار در حوزه‌های مختلف بازاریابی، و... با استادان و مدیران در حوزه‌های مختلف بخصوص مارکتینگ، گفت‌وگو کرده است.

■ **اطلاعات بیشتر:**
www.MarketingNews.ir

● **انتشارات بازاریابی**
۴۶ عنوان کتاب تاکنون در انتشارات بازاریابی چاپ و منتشر شده است.
■ **آغاز فعالیت:** ۱۵ خرداد ۱۳۹۰
■ **مدیر اجرایی:** احمد آخوندی
■ **اطلاعات بیشتر:**
www.Marketingpublisher.ir
www.Marketingbooks.ir

● **مجله‌ی توسعه مهندسی بازار**
هشت سال انتشار پی‌درپی و منظم دوماهنامه‌ی توسعه مهندسی بازار حاوی گفت‌وگو با بزرگان بازاریابی ایران و جهان، تازه‌ترین اخبار بازاریابی و فروش شرکتهای برجسته‌ی جهانی را در این نشریه بخوانید.
■ **آغاز فعالیت:** بهار ۱۳۸۶
■ **سردبیر:** محسن جاویدمؤید

نشانی: تهران، خیابان آزادی، جنب مترو آزادی، خیابان شاهین، پلاک ۶ طبقه ۳
تلفن: ۴-۶۶۰۲۸۴۰۱ - همراه: ۰۹۱۲۱۹۹۴۲۸۱
www.TMBA.ir   Email: info@TMBA.ir

- **مخاطب اصلی:** مدیران عامل و مدیران بازاریابی و فروش
- تمام گلاسه، تمام رنگی، ۸۰ صفحه
- **اطلاعات بیشتر:**

www.Marketingmag.ir

• مجله‌ی بازاریاب بازارساز

مجله‌ای با نگرش کاملاً کاربردی حاوی مقالات، گزارشها، مصاحبه‌های اختصاصی و اخبار بازاریابی، فروش، پخش و توزیع. خواندن این مجله، بازاریابی و فروش را برای مخاطبان آسان و لذت‌بخش می‌کند و اطلاعات جامعی را در اختیار آنها قرار خواهد داد.

- **سردبیر:** محمدرضا حسن‌زاده جوانیان
- **مخاطب اصلی:** مدیران بازاریابی و فروش، بازاریابان، فروشندگان، ویزیتورها و موزعان
- سیاه و سفید، ۴۸ صفحه
- **اطلاعات بیشتر:**

www.Bazarsaz.ir

• شرایط چاپ "کتاب" و مطالب در "انتشارات بازاریابی"، و مجلات "توسعه مهندسی بازار"، و بازاریاب بازارساز

۱. موضوعات تازه‌ی بازاریابی

۲. نثر روان و کاربردی همراه با مطالعات موردی

نشانی: تهران، خیابان آزادی، جنب مترو آزادی، خیابان شاهین، پلاک ۶، طبقه ۳
تلفن: ۴-۶۶۰۲۸۴۰۱ - همراه: ۰۹۱۲۱۹۹۴۲۸۱
www.TMBA.ir Email: info@TMBA.ir

۳. مطالعات بین رشته‌ای از اولویت چاپ برخوردارند
۴. پرهیز از موضوعات کلی، دوری از واژه‌های فنی

• لوح‌های فشرده (سی‌دی بازاریابی، دی‌وی‌دی) بازاریابی

تولید متون آموزشی در قالب سی‌دی، دی‌وی‌دی به زبان انگلیسی با زیرنویس فارسی، شامل:

۱- **آموزش بازاریابی**: مجموعه فیلمهای آموزش بازاریابی از دانشگاه هاروارد (به زبان انگلیسی با زیرنویس فارسی)

۲- **آموزش فروش**: مجموعه فیلمهای آموزش فروش (به زبان انگلیسی با زیرنویس فارسی)

▪ **اطلاعات بیشتر:**

www.Marketingshop.ir

• فروشگاه انتشارات بازاریابی

فروشگاه انتشارات بازاریابی تنها فروشگاه تخصصی بازاریابی در ایران است که از سال ۱۳۹۱ جنب دانشگاه تهران تأسیس و آغاز به کار کرد.

▪ **اطلاعات بیشتر و خرید کتابهای بازاریابی:**

www.Marketingshop.ir

▪ **نشانی**: تهران، میدان انقلاب، ابتدای خیابان ۱۲ فروردین، مجتمع کتاب فروردین، طبقه همکف، پلاک ۱

▪ **تلفن**: ۶۶۴۰۸۲۵۱ (۰۲۱) و ۶۶۴۰۸۲۷۱ (۰۲۱)

نشانی: تهران، خیابان آزادی، جنب مترو آزادی، خیابان شاهین، پلاک ۶، طبقه ۳
تلفن: ۴-۶۶۰۲۸۴۰۱ - همراه: ۰۹۱۲۱۹۹۴۲۸۱
www.TMBA.ir Email: info@TMBA.ir

• فروشگاه اینترنتی

شما می‌توانید با مراجعه به پورتال شرکت TMBA، یا سایت فروشگاه اینترنتی TMBA به‌نشانی اینترنتی www.MarketingShop.ir، محصولات فرهنگی حوزه‌ی بازاریابی (کتابها، نشریات، وی‌سی‌دی یا دی‌وی‌دی) را سفارش دهید یا تلفنی سفارش خود را دستور دهید.

نشانی: تهران، خیابان آزادی، جنب مترو آزادی، خیابان شاهین، پلاک ۶، طبقه ۳
تلفن: ۴-۶۶۰۲۸۴۰۱ - همراه: ۰۹۱۲۱۹۹۴۲۸۱
www.TMBA.ir Email: info@TMBA.ir

چند کتاب دیگر از استاد درگی در انتشارات کیدزوکادو

برای تهیه کتاب ها از آمازون یا وبسایت انتشارات می توانید بارکدهای زیر را اسکن کنید

Amazon.com

kphclub.com

Kidsocado Publishing House
خانه انتشارات کیدزوکادو
ونکوور، کانادا

تلفن : +۱ (۸۳۳) ۶۳۳ ۸۶۵۴
واتس آپ: + ۱ (۲۳۶) ۳۳۳ ۷۲۴۸
ایمیل: info@kidsocado.com
وبسایت انتشارات: https://kidsocadopublishinghouse.com
وبسایت فروشگاه: https://kphclub.com

معرفی چند کتاب دیگر از انتشارات:

برای تهیه کتاب ها از آمازون یا وبسایت انتشارات می توانید بارکدهای زیر را اسکن کنید

kphclub.com

Amazon.com

Kidsocado Publishing House
خانه انتشارات کیدزوکادو
ونکوور، کانادا

تلفن : ۸۶۵۴ ۶۳۳ (۸۳۳) ۱ +
واتس آپ: ۷۲۴۸ ۳۳۳ (۲۳۶) ۱ +
ایمیل: info@kidsocado.com
وبسایت انتشارات: https://kidsocadopublishinghouse.com
وبسایت فروشگاه: https://kphclub.com